貧困と憎悪の海のギャングたち

——現代 海賊事情——

ジャン＝ミシェル・バロー
千代浦昌道＝訳

清流出版

貧困と憎悪の海のギャングたち——現代　海賊事情

目次

装丁・本文設計＝友成　修
編集協力＝川鍋宏之

1　いまや空前の海賊ブーム

一九九五年九月一二日、午前二時二〇分、キプロスの貨物船アンナシエラ号はバンコックの港を離れた。船は金額にして五〇〇万ドル相当の砂糖を積んでいた。翌日、午前零時二〇分、ベトナムのコンソン島沖で覆面をした四〇人ほどの海賊に襲われ、船は奪われた。海賊たちは通信手段を壊して、乗組員を縛り上げて船倉に閉じ込めた。彼らは、水も食糧も与えられないままで、二日後に甲板にひっぱりだされて衣服を剥がされ、海に投げ込んで鮫の餌にすると脅された。船長は金の結婚指輪を差し出した。さもなければ、悪党どもはすんでのところで彼の指を切り落とすところだったからだ。船員の数人は海岸から一〇〇マイルの所で急ごしらえの筏の上に置き去りにされた。彼らは幸いにも、それから三時間後に一人の漁師に助けられることになる。残りの乗組員たちも同じく救命ボートにすくい上げられた。

アンナシエラ号は塗り替えられてアーティックシー号と船名も変えられた。一二人のマレーシア人と二人のフィリピン人からなる海賊の乗組員が、この貨物船を中国南部に向けて進めた。船は九月二〇日の午前一〇時に北海（ベイハイ）〔訳注＝以下同：ベトナム国境に近い中国広西チワン族自治区の港町〕の第四桟橋に停泊した。船は、こんどはホンジュラスの国旗を掲げ、偽造の書類〔航海に必要な船舶書類、積み荷に関する船積み書類や保険証書など〕を提示した。海賊たちは、ブラジルのサントスからやって来たと言っていた。しかし、彼らは一つミスを犯した。砂糖袋にはどれにも《Thailand》と書かれていたからである。船は差し押さえられ、船荷は中国人のあいだで競売にかけられた。買ったのは九龍のある会社で、この売買代金は香港のある銀行に払い込まれた。船はその所有者に《行政手続き費用》一〇万ドルと引き替えに返却された。海賊たちについては、あらゆる国際協定に背いてあっさり釈放された。この海賊事件は、近年に公式に記録された四〇〇〇件以上のケースの一つに過ぎないのだ。そのために数十人が死亡し、推計一五〇億ドルの損害が出ているのだが。

海のギャングたちによる略奪は現在驚くべき広がりを見せているが、海賊と呼ばれるこの行為自体は大昔から行われているものである。紀元前二五〇〇年頃には、フェニキア人とクレタ人は海賊を働いて大いに儲けていた。オデッセイの第一四番目の歌のなかでは、ユリシーズが海賊らしい様子で再登場する。イアソン〔金色の羊皮を求めたアルゴー船の乗組員の指揮者〕は、これらの海の悪党たちに立ち向かう。ツキディデス〔紀元前四六五頃〜三九五。古代ギリシャの歴史家でペロポネソス戦争を記録した『戦史』の著者〕はペロポネソス戦争の間に被った略奪行為を告発している。多くのギリシャの水夫たちが、アテネの衰退で職を失い、生き残るために海賊行為を行った。紀元前七八年に、エーゲ海で捕らえられたジュリアス・シーザーは一ヵ月後に身代金を支払ってやっと解放されたのである。

海賊はキリシア〔小アジア南東部の地方〕やイリュリア〔バルカン半島北西部にあった古王国〕に住んでいた。紀元前六七年にオスティア〔イタリア中部。古代ローマの外港だった〕の小麦をローマに運ぶ船団を守るためにポンペイウス〔前一〇六〜四八。古代ローマの将軍〕は大がかりな遠征隊を組まざるを得なかった。その数一二万人の水夫と兵士が乗る三〇〇隻の大船団であった。

パックスロマーナ〔ローマ帝国の支配の下、前一世紀末のアウグストゥス帝から、約二〇〇年間続いた平和な時代のこと〕は一時の休息しかもたらさなかった。そして九世紀になると北アフリカとオスマン帝国の海賊たちは、自分たちの獲物を分け与え、また、海賊たちも大いに世話になった君主たちの支援をしばしば得て、イベリア半島やプロバンス地方、地中海などへの度重なる襲撃を企てた。マルタ島は海賊どもの巣窟であった。一四九二年にイサベラ女王とフェルディナンド王はムーア人たち〔主にアフリカ北西部に住むアラブ人とベルベル人の混血人種〕を追い払ったが、バルバロッサ・ハイルッデン〔一四八三頃〜一五四六。オスマン帝国海軍提督。赤ひげと呼ばれ、兄のウルージとともに私掠船で地中海を暴れ回り、スレイマン一世によりアルジェリア総督、艦隊司令長官に任ぜられた〕による一隻のガレー船の捕獲と、一五一六年の彼によるアルジェリア占領が海賊復活のきっかけとなった。バルバリア海賊は一九世紀に至るまでわがもの顔でのさばった。彼らは船に乗り込み、乗組員を捕らえた。捕らえられた水夫たちはアルジェやモロッコで、しばしば残りの一生を奴隷として生きなければならなかった。その一人であるトマス・ペロー〔イギリス貨物船の船員。The History of the Long Captivity and Adventures of Thomas Pellow の著書がある〕が二三年間にわたる捕囚の生活から脱出してのち、一八〇四年にやっとアメリカの艦隊がトリポリを攻撃し、一八〇六年に英蘭による報復のための艦隊が組織され、一八一六年にイギリス人が遠征隊を送り、チュニス、トリポリ、モロッコは奴隷制を諦めた。また一八二一年にも英仏露の報復艦隊が送られた。地中海はふたたび安全な海になった。しかし、歴史家によれば、北アフリカで捕らわれたキリスト教徒の数は一〇〇万人を超えただろうという。

その他の場所でも海賊は猛威をふるった。ノルマンディーやイギリスの海岸地方ではバイキングが、アンティル海ではスペインのガリオン船〔一六〜一八世紀のスペインの軍艦。南米から金銀を運ぶ商船として使われた〕への攻撃、そしてもちろん中国沿海では大昔からこの仕事が繰り返されている。

海賊行為はいつの時代も変わらぬ悪行である。しかも海賊行為は増え続けている。犠牲となる船は毎年数百隻を数える。貨物船、石油タンカー、コンテナ船、タグボート、はしけ船、漁船、ヨットなどなど。そして、それらの船に乗り込んでいる船員たちも犠牲者だ。

メディアは、装甲車への攻撃、銀行襲撃、暴行、強盗などには大いに関心を払うのに、海賊行為にはほとんど注意を向けないのは奇妙なことである。たぶんその理由は、海賊行為ははるか離れた遠くの海の上のことだからであろう。それから、海賊はいつも、エロール・フリン、バート・ランカスター、あるいはジョニー・デップが演じる風に髪をなびかせた格好いいカリブの海賊が、腕の中に倒れ込む捕らわれた美女に惚れられるという、ハリウッドで創られたフィクションのオーラに包まれているからだろう。

2　海路は世界の大動脈

諸国家、そしてなによりもまず西側諸国は、輸出入する商品の輸送に全面的に依存している。これはグローバリゼーションの結果である。アルゼンチンの鶏卵、ニュージーランドの羊肉、米国のトウモロコシ、日本の自動車、韓国のコンピューター、中国の繊維品が大海原を越えてやってくる。膨大な輸送が基礎原料に関わっている。モーリタニアのゴム、亜鉛、ニューカレドニアのニッケル、石油製品の六〇パーセントなどなど。それなしでは済ますことができないだろうと思われる消費財の数々、必要不可欠な一次産品のほぼ全量、より正確には九七パーセントが海路で運ばれている。世界経済における海の重要性は、地球上の全人口の約半分が海岸から五〇キロ以内の陸地に集中していることからもわかる。

商船が犠牲となる海賊行為は、さまざまな意味での脅威をあたえる。それは乗組員に対して不安感を引き起こす。リスクを負うことになる船員たちへの手当を引き上げなければならない。保険の掛け金も大きくなる。海の世界はギャングやマフィアの跋扈（ばっこ）する場所となる。そこでは、人質、身代金、襲撃などをともない、最後には撃ち合い、拷問、人の死に至る。一九九一年から二〇〇〇年の間の海賊行為で二五九人が死んだ。一八五四人が人質として捕まった。最も悲劇的なケースの一つはアリアンインゲイ号の場合である。あるオーストラリア人が所有していたこの貨物船はシンガポールの船会社に貸し出されていたが、消えてしまった。船はのちに発見されたが、寒々とした船室の中に一〇人の死体が残されていた。

国際海事局（ＩＭＢ）〔世界の貿易促進のために設立された国際商業会議所〈ＩＣＣ〉の商業犯罪対策機関の付属機関で、事務局はロンドンにある〕が公表した数字によると、最近二〇年間に四〇八四件の海賊行為が発生したとのことである。最も多かったのは二〇〇〇年で四六九件が報告されている。その後は減少しており、二〇〇四年には三二九件、二〇〇五年は二七六件であった。二〇〇六年の前半には一二七件の海賊行為が記録されている。このことから、海の危険は抑えられつつあると期待してもいいのではないだろうか。しかし、襲撃はますます凶暴化している。この短い期間にも六人の船員が殺され、二人が負傷し、一三六人が人質にされた。

統計数字は現実を伝えてはいない。多くの被害は告訴の対象にならない。海賊の捜査は多大な費用を要する。船は、捜索が終わるまで港の埠頭につながれたままになる。船の移動は高くつく。さらに船乗りの世界では、海賊行為に関しては沈黙の掟が守られている。そうした理由から、フランス最大の船会社〔一八八ページのCMACG社を指すと思われる〕は我々の手紙にも応えず、なんど電話をしても応対してくれなかった。海の輸送業者たちは自分たちの評判が悪くなるのを恐れている。彼らは支払う保険料が高くなるのを避けようと努めているのだ。彼らはまた沿岸諸国との間で維持している貿易関係を損ねることを恐れている。それらの諸国には彼らの船が寄港し荷を積み降ろす港湾があり、領海の安全はかならず保証すると言ってくれているからである。最後に、人質や船の返還交渉が終わって、折り合った身代金を支払うことになる。その金額が大きくならないようにするためにも秘密を守ることが必要なのである。ソマリアでのサンカルロ号ハイジャック後、乗っ取り犯たちの強い要求に応じた例がある。そのうえ、公式に発表される海賊行為の数が減っているように見えても、暴力行為はますます激しくなっている。完璧な海賊の装備で固めた実行手段と戦闘能力がそれを証明している。

あらゆる犯罪にも序列がある。海のちんぴらたちは小さなグループを組んで行動する。彼らの行動は場当たり的で、武器は棍棒、ナイフ、マチューテ〔作物などの伐採に使う大鉈〕、クリース〔マレー人が用いる刀身が波形の短剣〕などに限られる。シアンスポー(パリ政治学研究所)の博士号取得準備中の海洋高等教育センター顧問参事エリック・フレコンは、東南アジアに滞在したことがある。回想録『東アジアの海賊旗』のなかで、彼は海賊たちの現れる社会的背景を描く。すなわち、マレーの海賊は貧しい漁村の出身者だ。農産物は僅かしか稼れない。政治組織は敵対するリーダーたちの争いの場である。海賊行為は男たちにとっての生き残りの手段だ。互いに争っている地方政権にとっては力を示す手段であり、中央権力からの独立を顕示する方法でもある。海上の犯罪はボルネオ沖のホロ島〔別名スル島〕といったいくつかの島ではもうはるか昔からいつも行われてきた。フレコンはスマトラ島のバタンカンプンタンジュン村で彼自身が居合わせたときのことを語っている。この村は見たところは平穏である。丘の中腹には立派な家々が建っている。これらは財をなして引退した海賊たちが住んでいる屋敷で、いまの仕事は若い連中を訓練したり助言したりすることだけである。昼間は至極まじめに見える漁師たちが、夜のとばりが降りるとぐらつく浮き桟橋の上にやってくる。強力な船外機〔小型船に取り付ける取り外し可能なエンジン〕を肩に背負っているが、これが彼らのジャンクをスピードボートに変えるのである。夜間の作業ののち、人の目に触れないように、水中杭に支えられた迷宮のような家々の間に隠れてジャンクは出発する。土地の警察には数人の若い署員が働いているが、慎重なのか黙認なのか、彼らは小屋の前に座ったままで目をつぶっている。

　犯罪の階級ピラミッドの頂点には、東南アジアでは五人か六人の国際的ギャング、マフィアがいて、彼らは船舶会社あるいはその他の企業や、中国秘密結社の物語につながる三合会〔中国清代の秘密結社〕などのトップにいる強力な実業家に支配されている。エリック・フレコンは、スハルト〔インドネシア第二代大統領。一九六八年以来、約三〇年の長期政権を築いた〕の側近で中国系のインドネシア人リエム・シアオ・リオンのことを例に引いている。大金持ちのこの男はタイや香港、フィリピン、中国でも下部組織をもつグループを支配している。そして、巨大な三合会を支配しているのである。

　これらの海のギャングたちは本物のプロフェッショナルである。彼らは高速ボート、船外機を備えた半硬質のゴムボートなどを持っている。彼らはまったく明かりを消したまま四〇ノットで突っ込んでくる。ときどき、アデン湾でのように、一隻のダウ船〔ラテン帆をもち、突き出た船首と高い方形の船尾を持つアラビアの近海用小型帆船〕が基地になって、彼らはそこを足場にして行動を起こす。彼らは大量の戦闘用武器、すなわちM16〔アメリカ軍の小口径自動小銃〕やAK—47〔カラシニコフ一九四七年型自動小銃〕など突撃用銃器、短機関銃、擲弾（てきだん）発射筒、ロケットランチャー、バズーカ砲、地雷などを携えている。彼らはしばしばGPSやレーダーを備えている。情け容赦なく殺す手口から、彼らの攻撃はほぼ軍隊組織であることを示している。ほとんどの襲撃は船が停泊しているときに行われるが、航行中でもスピードボートを使えばたいていの商船はそれよりは速度が遅いから追いつくことができる。海賊たちがいちばん多く襲撃するのは真夜中である。彼らはロープがついた四爪錨を投げ、船橋〔またはブリッジ。船の上甲板の高い所にあり、航海中、船長が操船・通信などの指揮に当たる場所〕から見えにくい、船尾に近いところから甲板によじ登る。それから船橋に入り込み、乗組員が警報を発しないように通信機を破壊する。船長や水夫を脅して縛り上げ、殴り、時には海中に投げ込む。満タンの石油タンカーでは乾舷〔喫水線から上甲板までの高さ〕は数メートルを超えないから、簡単に接舷できる。したがって容易に襲われやすい。

襲撃が行われるが、その後のことは、これからお話しする物語が示すようなさまざまな展開をみせる。彼らは逃げだし、消え失せる。ほとんどの場合、処罰されることはない。

よく組織された海賊は、港湾労働者やカネで雇ったエージェントから得た情報をつかんでいる。つまり、どの船を襲撃するといちばん儲かるかとか、コンテナで運ばれる積み荷の中身が何かとか、盗んでも足がつかないかとかいった情報である。彼らはインターネットやファックス、携帯電話などで連絡を取り合う。地域の警察などは、黙認でもなくまたはまったくやる気がないわけではなくても、ほとんど介入の手段をもたないのである。

彼らはなにを盗るのか。地上の犯罪と同じように、略奪品は世界の地域によって異なる。泥棒たちの必需品や所属する組織によっても異なる。ときどき、コソ泥が夜のうちに船の甲板に忍び込んできて数分の間に、ロープの一巻き、救命具だとか、ボート、船外機などをかっぱらっていく。さらに危険なのは、乗組員を銃で脅して数百万ドルまたは数千万ドルをかき集め、貨物船の金庫も開けさせようと脅す連中だ。彼らは売りさばけるあらゆるものを盗んでゆく。時計、宝石、ライター、箱入りの紙巻きタバコ、酒、携帯電話、双眼鏡、航海用機器、工具類、交換部品などなど。彼らはまた、食糧を奪うために船の食糧庫を破る。いくつかの貧しい地域では、腹を空かせた連中が食い物を手に入れるためだけで襲ってくる。究極の海賊行為とは船全体を奪い取ることだ。積み荷は売り払われ、燃料は吸い取られる。船は塗り替えられ、新しい船名をつけられる。そして、ホンジュラスやパナマ、その他の国籍に登録されて、無責任な船主や仲介人と契約を結ぶ。偽の書類を用意して、船は積み荷の送り主にチャーターされる。その船がふたたび海賊に襲われ、以前に海賊たちを黙って見逃していた港に向かうことは珍しいことではない。この船はふたたび売られ、ペンキを塗られ、別の船名をつけられて、というサイクルが繰り返されることになる。航海士や水夫、さらには船全体の人質をとり、身代金を払わなければ解放しないといったことは、最も攻撃的な海賊たちの常套手段である。

一九八〇年には、偽の書類を備えた船一隻を手に入れるのは三〇万ドルが必要といわれていた。

国家と国際海上輸送関連諸機関は一連の行動を起こした。国連は、ロンドンに国際海事機関（ＩＭＯ）という専門組織を設置した。国際商業会議所（ＩＣＣ）は国際海事局（ＩＭＢ）を開設したが、これは主に海運会社と海上保険会社からの拠出金で運営される民間組織である。一九九二年にはマレーシアの首都クアラルンプールに海賊情報センターが開設されたが、この機関は、海賊行為についての毎日の報告書を作成したり、法律の整備と法的な追及について現地政府を支援したり、あるいは襲撃を受ける立場の船主と乗組員を援助したり、情報を照合して、インターネット上で、また統計の発行を通じてそれらの情報を公表するなど、さまざまな仕事に従事しているのである。

関係諸国の海軍、沿岸警備隊などはそれぞれの方法で活動している。インド洋にいるフランス海軍は、ジブチやレユニオン島、あるいはマイヨット島の基地から出動する。

さまざまな機関の関心事の一つは海賊行為の法的な定義をはっきりさせることである。それは、たとえそれがほとんど区別のつかない場合であっても、また世界のいくつかの地域、とくに東南アジアやソマリアにおけるように双方の関連性が明らかにあるように思われる場合でも、海賊行為をテロ行為と区別することが必要である。一九八二年のモンテゴ湾協定によれば、海賊行為とはつぎのようなものである。

(a) 私有の船舶または航空機の乗組員または旅客が私有目的のために行うすべての不法な暴力行為、抑留または略奪行為であって、つぎのものに対して行われるもの

・公海におけるほかの船舶もしくは航空機またはこれらの内にある人もしくは財産

・いずれの国の管轄権にも服さない場所にある船舶、航空機、人または財産

(b) いずれかの船舶または航空機を海賊船舶または海賊航空機とする事実を知って、当該船

船または航空機の運航に自発的に参加するすべての行為

(c)(a)または(b)に規定する行為を扇動しまたは故意に助長するすべての行為

一九八八年三月一〇日のローマ協定では、海賊行為をいっそう絞って定義しているのに対して、IMB(国際海事局)では、海賊行為とは《窃盗やその他のあらゆる犯罪行為あるいは暴力を振るう目的で船舶に乗り込むあらゆる行為》を含んでいるので、定義は包括的なものとなっている。この定義は、それが沖合であろうが港のなかであろうが、または停泊中であろうが、船舶へのあらゆる襲撃を海賊行為と見なすという改訂点がみられる。

ローマ協定の定義では、強力なギャングにより行われようと、あるいは通りすがりのコソ泥によって行われようと、独立運動を標榜する一味によろうと、資金を求めるテロリストによるものであろうと、あらゆる略奪行為を海賊行為と見なしている。その境界は、その動機による区分をほとんどしないが、しかし場合によっては考慮しないわけではない。

二〇〇一年九月一一日の同時多発テロ以来、テロとの戦いは二つの襲撃によって示される別の側面を見せた。すなわち、二〇〇二年一〇月二六日、爆発物を積んだスピードボートがフランスの石油タンカーのランブール号に突っ込んだ。米国海軍の船舶USSコール号が停泊中に一隻の小舟が《こんにちは、船長さん。新鮮なもの、果物、野菜を売りに来ました》と《友好的》接近を行った。

それから、爆発物を詰め込んだ小舟はとつぜん米国船の脇腹に激突した。

九月一一日のテロの後、アメリカは国際船舶港湾保安法（Ship Port Security）の適用を開始した。この法律は、港湾や船舶への接近に関する制限措置、訪問者や商品の検査、港湾や船主に対する巨額な支払金の要請などを課するものである。

語義の違いは法律家たちの純粋な議論の対象にはなっていない。問題となるのは保険料かあるいは災害の補償金かであって、その違いは大きな金銭上の結果をもたらす。というのは、特定の条項がなければ、保険契約は内戦、革命、テロなどのリスクをカバーしないからである。

襲撃を受ける可能性は、世界の地域別に大きく異なる。二〇〇四年に記録された二二六件の海賊行為は地域別につぎのように区分されるということで象徴的なものであった。すなわち、インドネシアで九三件、マラッカ海峡で三七件、バングラデシュとインドで三二件、ナイジェリア沖で二八件、マレーシアで九件。シンガポール、アデン湾、紅海、中国南部ではそれぞれ八件ずつであった。発生件数はさまざまな要因に応じて毎年変化する。すなわち、ある国または世界のある地域の政治的・経済的状況、地域の警察の活動、沿岸諸国あるいは西側諸国の艦隊によって行われる監視や介入などである。

小型の貨物船、ばら積み貨物船がいちばん狙われる。これらの船舶は商業船の一三パーセントしか占めていないのに襲撃の三分の一の被害を被っている。その理由はたぶん、これらの船の多くは重量が小さく船員が少ないことなどから攻撃しやすく、その積み荷が売りさばき易いからであろう。商業船の七パーセントしか占めていないコンテナ船への襲撃は一三パーセントを占める。接近は容易であるのに、石油タンカーはそれほど被害に遭っていない。その理由はまずなによりも、積み荷の移動には液体を別の船に移し替えなければならないという難しい作業が必要になることと、また石油ターミナル〔石油パイプラインの終点〕での厳重なチェック体制のおかげでもある。

どこでそれが正確に起こったのか。なにが起こったのか。船や船員がなにを盗られたのか、どんな犯罪に遭ったのか、どんなことを強制されたのか。場所、事実、現場の状況の分析とそれらを正確に思い出すことは絶対に必要なことであり、また多くの情報を提供する。いくつかの襲撃は冒険小説と同じように血湧き肉躍るものである。ただし、しばしばそれは悲劇に終わる。

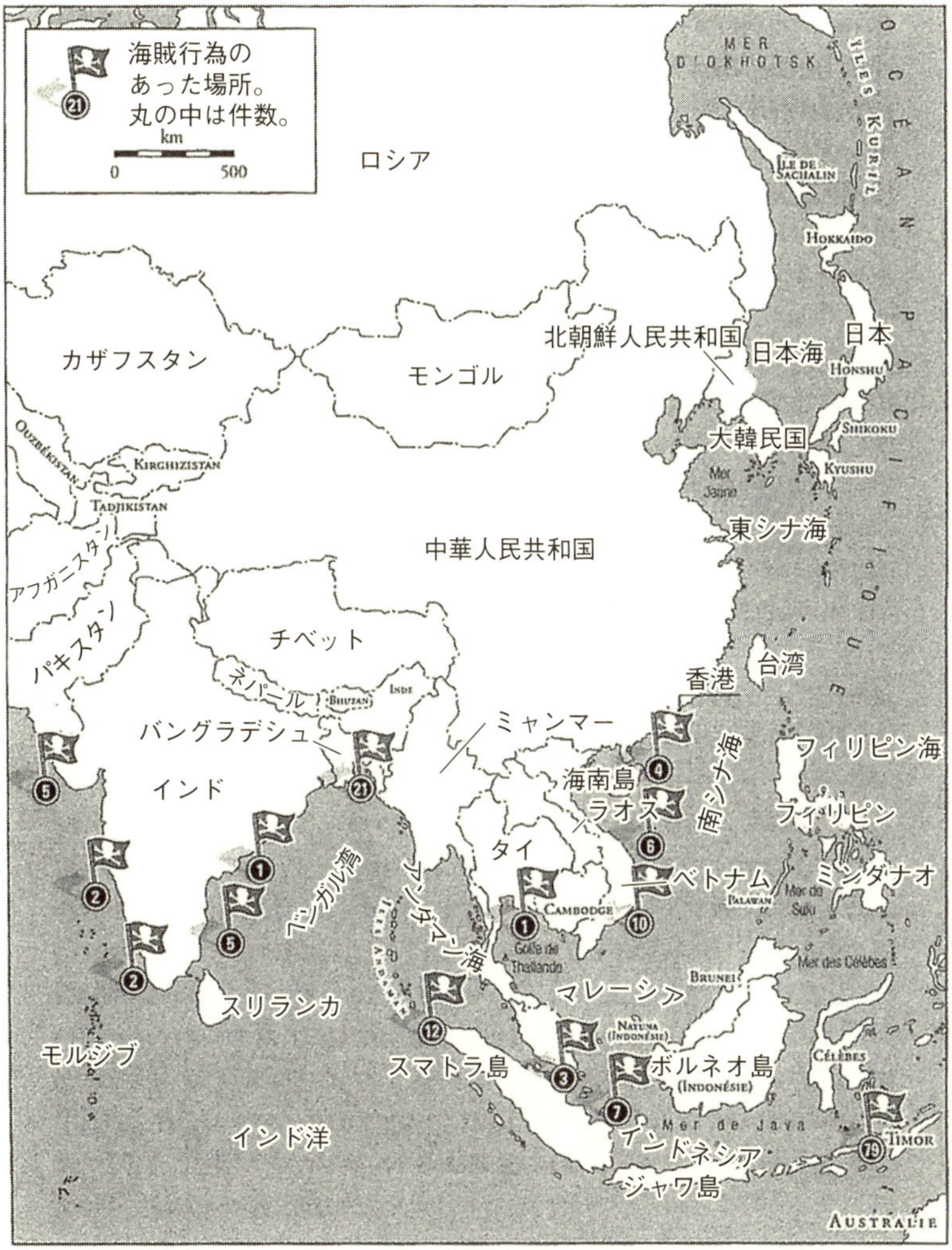

Origine des cartes : International Maritime Bureau

2005 年に東南アジア、インド大陸周辺、極東で起きた海賊行為

3　東南アジアのハイリスクな海

八八日間、陸地を見ることはなかった。そして、一五二一年三月六日、はじめての太平洋横断に成功したマゼランの船員たちは腹を空かせ、疲れ果て、食糧や飲み物はほとんどなくなっていたが、遂に一つの島を見つけた。彼らはフィリピン諸島に着いたのだ。原住民たちは、最初は友好的だったが、やがてとんでもない泥棒どもであることがわかった。手に触れるものは何でも盗んでいった。ボートも一隻奪われた。マゼランは反撃して、ボートを取り戻した。彼はこの地をラロン諸島〔ラロンとは盗賊の意味〕と命名したのである。

それから約五世紀が経過しても生活習慣は変わっていない。ただ、泥棒たちはもっと組織化され、さらに武装し、大胆不敵になり、もっと多くを要求するようになった。一九世紀には、すべての地域社会の住民が海賊で生きていた。とくにミンダナオ島やスル島の中心地から出発してボルネオ島、モルッカ諸島の近隣の海、セレベス島の海などを荒らし回っていたのである。現在、資源の欠乏は人口過剰で深刻化している。フィリピンは八〇〇〇万人、マレーシアは二四〇〇万人、インドネシアは二億一二〇〇万人の人口を抱える。この数え切れない島嶼の中には、身を隠すための数限りない入り江が存在する。ほとんど捕まらないということが、多くの人たちにとってほとんど唯一の延命のチャンスである。

ダバオの海賊は「アンバク・パル」というあだ名をつけられた。これは、船を離れろという命令を指す《跳べ、我が友よ！》ということばを意味しているのだ。

不幸な人びとが、どうしても食べ物を盗みたくなるような窮状を象徴するエピソードがある。泥棒たちは見つかって桟橋を追っかけられて、逃げながら《ひもじいよ！　腹が減ったよ！》と叫んでいたのである。

海上の略奪行為のほぼ半数が東南アジアと南シナ海を背景にしている。二〇〇四年だけでも、一一三件の相当な被害をともなう海賊行為が東南アジアで公式に記録されている。ただし、これについては別の章で扱うことにするが、マラッカ海峡で日常的に行われている海賊行為は入っていない。大部分の襲撃は目的を遂げる。しかし、あとで述べるように、船の乗組員の懸命な働きによって失敗することもある。東南アジア地域での死者の数は二〇〇三年から二〇〇四年の間に二一人から三〇人に増えた。身代金の要求をともなう誘拐のケースは、同じく増えている。二〇〇五年に発表された二二六件の海賊行為のうち、九七件がこの地域で繰り広げられた。

税関の役人たち、それに軍人たちがいくつかの襲撃事件に無関係ではないのではないかと疑われている。知っておかなければならないことは、インドネシアの将軍が年に一二〇ドルしか給料を貰っていないということだ。これは確認されたことだが、海賊、巡視隊員、行政官の間で《暗黙の結託》があるのではないかと思われている。

最も危険な海域はわかっている。すなわち、インドネシアではアナンバス諸島とビンタン島の近海、ゲラサ海峡、マカッサル海峡、ジャカルタ港やバリクパパン港〔ボルネオ島カリマンタン州〕など。マレーシアではサンダカン港〔ボルネオ島サバ州〕である。

略奪行為の一つひとつを語ることは退屈だ。多くの事件簿は、残念ながらほぼ同じような内容だからである。しかし、そのうちからいくつかのケースを選び出して、それらを特徴づける発生状況とその結果を調べること、またそれにより船主が被った被害のみならず、それが乗組員たちに引き起こしたトラウマ（心理的外傷）、襲撃が悲劇的な結果になることへの絶えざる恐怖心などを想像してみる必要がある。

一九九八年に起こった事件ではあるが、ペトロレインジャー号のケースは海の犯罪史のなかでは現在でも有名である。あるシンガポールの会社が乗組員を雇い、オーストラリア人の船長が指揮するこの石油タンカーは、一万一〇〇〇トンのケロシンと燃料用オイルを運んでいた。四月一六日、すべての明かりを消したスピードボートに乗って暗闇の中から突然現れた一二人のインドネシア人に乗り込まれた。海賊たちはよく組織されていて、シンガポールにいる情報提供者や香港の資金提供者と携帯電話で連絡を取り合っていた。船は塗り替えられ、ウィルビー号と船名を変えて、中国のある港へと向かった。一二日後に中国の軍艦がこのタンカーを臨検した。積み荷の三分の一はすでに吸い上げられていて、ジンチャオ号という中国船に移し替えられていた。これでペトロレインジャー号の災難は終わったのだろうか。とんでもない。中国当局は、この船を海南島の海口（ハイコウ）港に四五日間留めおいた。残りの積み荷も吸い取られ、タンカーの回収前に、乗組員たちは自分たちが密輸を働いていたという宣告書に署名を強要された。海賊どもはといえば、彼らはいとも簡単に釈放された。

アロンドラレインボー号は、積載量七七六二トンの新しい貨物船で、パナマ船籍の旗を掲げていた。日本人二人、フィリピン人一五人で合計一七人の乗組員で運航されていた。船はスマトラ島の北部クアラタンジュン港で積み込み、日本の三池港に向けて七〇〇〇トンのアルミニウム塊を運んでいた。一九九九年一〇月二二日、出航二時間後に船は約一〇人の覆面をしたインドネシア人に襲われた。

乗組員たちは救命筏に移されて、海の真ん中に置き去りにされた。彼らは一週間後に漁師に助けられた。船主は一〇万ドルの報奨金を約束した。インド当局は急いで巡視艇を派遣して、メガラマ号と船名を変えベリーズ〔グアテマラの東にある国〕の旗を掲げるアロンドラレインボー号を見つけた。公海上にいたが、インドの沿岸警備艇はモンテゴ湾協定を適用してその船を臨検しようとしたところ、乗組員たちは船に火をつけようとした。貨物船は最後には捕捉された。積み荷の大部分は消えていた。海賊たちはカンボジアで三〇〇〇トンのアルミ塊と武器を交換したものと思われた。のちにこのアルミ塊の一部がフィリピンのマニラの倉庫の中で見つかった。

島々の間の狭い水路は、悪党どもが仕掛けた待ち伏せにとっての絶好の場所だ。彼らは襲撃が終わると、難なく自分たちの隠れ家に逃げ込むことができる。船が危険な水路を避けることはできる。だが、そのためには時間をかけて、余計な燃料を費やして遠回りをしなければならない。そこで、船主や船長たちはどうしてもこうした危険な水路を選んで、ときには危ない目に遭うことになる。過去のいろいろな事例のなかで、いくつかを紹介しよう。

南緯二度五三分、東経一〇七度一八分四秒に位置するゲラサ海峡は、こうした最も危険な水路の一つである。二〇〇四年四月二日、パナマのコンテナ船パックパラワン号がこの海峡で真正面から襲撃を受けた。銃やピストル、短剣で武装した海賊たちは船長、副船長と六人の船員を脅して金銭や貴重品を巻き上げた。三日後、真夜中に、同じくパナマ船籍のケミカルタンカー・イースタンユーレカ号は、ビンタン島沖合で同じような襲撃の被害に遭った。甲板長が捕まり、縛られて、人質にされた。彼は船長や船員の船室を案内させられ、海賊どもは金銭や金目のものをかっさらっていった。行動はてきぱきと行われたので一〇分ほどしかかからなかった。同じくゲラサ海峡で、二〇〇六年四月一六日に、バヌアツに登録されている貨物船サンカラリー号、さらに四月二九日にはトルコのばら積み貨物船アラバンダ号がどちらの船も幅広短剣で武装した泥棒どもの襲撃の犠牲になった。その他、四月二三日と三〇日に同じ海域で起こったパナマの小型貨物船ライジュ号とシンガポールのケミカルタンカー・クイニー号への二つの襲撃は、乗組員たちの果敢な働きで失敗に終わった。

パナマ船籍のばら積み貨物船マーサベリティー号は鉄鉱石を積み込んで、ブラジルを出て日本の大分港に向かっていた。二〇〇六年三月二一日の真っ昼間に、船がゲラサ海峡に差し掛かったとき一二人の海賊に襲撃された。海賊たちは二隻の高速ボートに乗り、幅広短剣を振り回してタラップをよじ登り、船の二等航海士と当直の二人を縛り上げた。この航海士を脅して日本人船長の船室に案内させ、こんどは船長が縛られることになった。悪党どもは日本円で四三〇万円（三万四〇〇〇ドル相当）と双眼鏡一つを持ち去った。乗組員たちは船尾に集められ、海賊たちが姿をくらますまで脅された。

タグボートに曳かれるはしけ船の利用は、東南アジアでは一般に行われていることである。はしけ船が荷を積み込んだり降ろしたりする間に、タグボートはもう一往復することができる。不便なことはこれらの船の速度が遅いことだ。海賊たちはそれらに目印をつける暇がたっぷりある。彼らは襲撃するのに最も都合のいい頃合いまで船を追跡する。その上、タグボートは船尾から水面までが短い。したがって、乗船するのが楽だ。ほとんどの場合、はしけ船に乗り組んでいる人はいない。いちばん多いケースは、タグボートとはしけ船を両方とも奪って別の共犯者のいる船着き場に連れて行き、積み荷を奪って売り払ってしまう。船と乗組員が人質に取られ、身代金を払ってやっと解放されることも珍しくない。二〇〇四年と二〇〇五年には約一五隻のタグボートとそのはしけ船が海賊に乗り込まれた。二〇〇四年二月九日、インドネシアのリンガ諸島とビンタン島の間のはしけ船を曳いていた。真夜中であった。二隻の船はインドネシア旗を掲げるシンギングマリナー号は一隻を航行していた。そのとき、海賊がはしけ船に乗り込んできた、そして五人の船員を捕まえてメサナク島に置き去りにした。タグボートの乗組員たちは、海賊たちがはしけ船を襲ったことを知らなかったので、そのまま航海をつづけ、いつものように船主たちと連絡をとった。最後の連絡は二月一二日の午後三時であった。その翌日になって、ＩＭＢ（国際海事局）はタグボートとはしけ船が見つかったとの連絡をうけた。タイの海上警察がはしけ船を捕捉した。

二〇〇四年四月一一日、一隻のタグボートとはしけ船が襲われた。イーストオーシャン二号といい、サリント一号というはしけ船を曳航して、スル海のタガナク島の近くを航行していた。午後七時ころ、八人から一〇人くらいの海賊が黒装束でタグボートに乗り込んできた。連中はM16小銃と擲弾発射筒で武装していた。通信機器を急いで破壊して、船の品物を奪った。彼らは船長と乗組員のうち二人を人質にとってからスピードボートで島のほうに向けて逃げ去った。下のほうの甲板に隠れていたその他の七人の船員たちが船をサンダカン港まで運び、警察提出用に報告書を作成した。その後に、海賊たちは人質解放のための身代金を要求してきた。

二〇〇四年三月二一日、四人の海賊がタグボートと鋼板を積んだはしけ船を奪った。海賊どもはそのマリンゴジャヤ号とアキリ二三七三号をマレーシアのクラン港に運んで、そこで船荷を陸揚げした。もう一隻のタグボート・グローバルセメスタサツ号は七月一一日に乗っ取られた。一〇人の乗組員は海に投げ込まれ、一人だけは拾われたが残り九人は不明と記載されている。

似たような船団が、二〇〇四年一二月一四日に悪人たちの餌食になった。シンガポールのタグボート・クリスチャン号がフローラ号というはしけ船を曳いて、フィリピンからインドネシアのバンジャルマシン〔ボルネオ島カリマンタン州〕に向かった。一二月一四日、乗組員は船主に自分たちの位置を知らせて、これが最後の通信になった。そのあとは連絡が途絶えた。タグボートとはしけ船は一二月二五日にはサバ州のセンポルナにいることがわかったが、それからふたたびわからなくなり、誘拐された二隻の船は新たにタワウ（サバ州）で見つかり臨検された。この船の九人の乗組員のゆくえについてはだれも知らない。

同様に悲惨だったのは、二〇〇五年三月三〇日にマカティン島約三マイル沖のスラウェシ海で発生した海賊行為である。犠牲となったのはマレーシアのタグボート・ボンガヤ九一号で、ボンガヤ九〇号というはしけ船を曳いていた。午前一〇時二〇分、一隻のスピードボートに乗った五人の海賊がタグボートに接近した。侵入者たちはM16とＡＫ－47で重武装していた。連中は空中に向けて数発撃って止まれと命令した。四人の海賊は紺色のユニフォームのようなものを着ていた。海賊たちは乗組員を甲板に集めると通信手段を叩き壊し、彼らの貴重品や衣類を奪った。船長と船員たちの二人を捕らえ、スピードボートで逃げ去った。三人の人質のうち二人は、ジョジョ島の海賊たちの要塞の一つを軍隊が襲撃した際に、七四日ぶりに解放された。船長はそのときに解放された人質のなかに含まれていなかった。彼がどこに捕らわれているのかは、いぜんとしてわからない。

七月三日、インドネシアのタグボート・サムドロシンドⅦ号とそのはしけ船アンガッダⅦ号は、五三〇〇トンのパームオイルを積んでマレーシアのタンジュンペンゲ港で埠頭の停泊位置が決まるのを待っていた。深夜に八人の覆面をした泥棒が乗り込んできて船長と乗組員を閉じ込め、積み荷の油の三五〇〇トンを吸い上げてから移動した。もう一つ別のタグボート、ザラ号とそのはしけ船ザラ三号は、八月一六日に悪党どもの目標になった。船団は海賊たちに乗っ取られ、船員の一人は船から海に投げ込まれた。近くにいたボートに助けられたその船員は、陸地に戻ると乗っ取り事件を海上警察に通報したが、しかし二隻の船は消えてしまった。八月一九日、盗賊たちはボニアスター号とそれが引っ張るはしけ船に銃をぶっ放して、乗り込み、航海機器と船室に損害を与えた。船長は、はしけ船をつないでいたロープを解いて切り離し、タグボートを操縦してシンガポールに逃げ込んだ。マルコポーロ号の一五人の船員たちの運命はもっと心配だ。スラバヤとジャカルタをむすぶ航路で九月一〇日に襲撃を受け、マルコポーロ号はその乗組員とともに消息を絶った。

これまでになんども、タグボートとはしけ船、その乗組員が消えてしまった。海の底に沈められてしまったのか。船は塗り替えられて売られてしまったのか。船員たちは殺されたのか。乗組員のなかには海賊たちと結託している者がいるのではないか。消えてしまうとほとんどの場合、すべてが闇の中に葬られてしまう。

海賊たちの攻撃能力、彼らがもつ手段と武器はさまざまである。彼らはしばしばスピードボートや半硬質の大型ゴムボート、あるいは強力な船外機を備えた漁船で襲撃するが、場合によってはお粗末な木製の小舟でやってきたり、または小舟もなにも持たずに、投錨中の船舶あるいは港のなかにいる船を狙って錨鎖や係船用の大索をよじ登る。彼らは連発銃、幅広短剣、山刀などで武装してはいるが、いつでも武器を振り回すというわけではない。反乱がしょっちゅう起こっているこれらの地域、とくにジョジョ島では、銃器を手に入れることは大して難しいことではない。

船長と乗組員にとっては、一隻のボートが近づくのを見るとまず、なんでもない漁師かそれとも恐ろしい海賊たちかを知ろうと自問自答する。ボートには通常よりもたくさんの男たちが乗り込んでいて、覆面でもしていたらなおさらのこと、銃やロケットランチャーを振り上げていたらもう疑問の余地はない。何人かの悪漢どもは遠慮なく銃をぶっ放す。威嚇のための一斉射撃だが、しばしば銃の照準は船橋に向けられてガラスをぶち割り、小手調べをする。海賊どもはいよいよ船に乗り込んでくると、幅広短剣や山刀を使ってくる。船を守ろうとして船員がときには大怪我をすることもある。

パナマ船籍の貨物船アッタ号が、二〇〇五年五月三〇日にアナンバス島〔インドネシア領〕の近くを航行していたとき、連発銃と短剣で重武装した五人の海賊に襲われた。当直の士官は気がついて船内に閉じこもり、警報を鳴らした。襲撃者たちは威嚇射撃をして停船させ、船内への扉の鍵を壊して船橋に侵入し、副船長と二人の船員と注油工一人を縛り上げた。二人の海賊は人質を見張るために残り、その他の三人は船長と機関長の船室に行き、現金と貴重品を奪い、船長と機関長、そして古参の船員一人を船首甲板に閉じ込めて、それから逃げ去った。

四月三日、二人の当直船員が、フィリピンのばら積み貨物船アラントレーダー号に乗り込んできた四人の海賊にナイフで傷つけられた。もっと大胆不敵でもっと組織的だったのは、四月二二日の日が暮れてすぐにインドネシアの小型石油タンカー・イナブクワ号に乗り込んだ連中だった。船は軽油を積んでパンコール島の東を航行していた。強力な船外機でスピードボートに変えられたジャンク漁船に乗って突っ込んできた海賊たちは、船の航路を遮り、発砲して停船させた。銃とナイフ、短刀などで武装した総勢八人が、よじ登って船内に入り船を占領した。脅しながら、海賊は乗組員を自分たちの命令に従わせ、船をパシルグダン港内に導くように強要し、積み荷の移し替えを手伝わせた。その仕事がつづいた二日の間、船長は船橋に閉じ込められ、乗組員たちは厳しく監視されていた。積み荷の移し替えが完全に終わると、海賊どもはその石油タンカーを港の外へ連れて行き、彼らは自分たちのスピードボートに乗り換えて、タンカーはタンジュングバン〔インドネシア領ビンタン島西部の小さな港町〕の近くに放棄していった。

海賊行為が成功するためには、高性能な武器をもつことは、次の事例が示すように必ずしも必要ではない。二〇〇四年八月二〇日午後一〇時ころ、一隻のタイのばら積み貨物船スカルワンナレエ号は幅広短剣や山刀を振りかざした七人の男たちに襲われた。彼らは船員を縛り、通信機器を壊し、船長の船室を荒らし、乗組員たちの現金やすべての貴重品、航海用機器などを奪った。海賊たちは貨物船に減速を命じ、船長には船首にずっといるように厳しく命じてから、彼らを待ち受けていた船に乗り移って逃亡した。襲撃が始まってから三〇分ほどしか経っていなかった。

この危険がいっぱいな海上ではいったいだれを信じればいいのか。二〇〇四年三月一七日、マレーシア国旗を掲げた貨物船ヤヤサンツジュ号はイリアンジャヤ（インドネシア）のジャヤプラの沖合を航行していた。午後二時ちょっと過ぎに、船は一隻のインドネシアの海軍船カルヨウテファカル一五〇二号に行く手を遮られ、発砲され、停船を命じられた。命令に従わざるを得なかった。船長と三等航海士が、貨物船の書類点検を受けるためにその巡視艇に移った。二人は殴られて、痛めつけられた。インドネシアの海軍将校は、二人の解放のために五〇〇〇ドルを要求した。しかしここはアジアである。身代金を値切った。交渉の末、金額は二五〇〇ドルに下げられ、それに食料品をおまけにつけるということになった。三等航海士は、船長が身代金を集めて支払うまで人質にされた。IMBの提訴により、インドネシア政府は捜査の開始を明言している。

航行中の商船が海賊に捕まるということは、海賊たちがもっと速いモーターボートまたはゴムボートを備えていることを推測させる。速いボートならば、貨物船に追いついたり、追いつかれないで逃げ切ることができる。停泊中やあるいは港の中にいて動いていないときには、船はさらに脆弱な状況にある。大部分の海賊行為がこうした状況の中で発生する。八四パーセントの襲撃が港湾内または海辺の近傍で行われたと考えられている。一件あたりの被害額は五〇〇〇から一万五〇〇〇ドルの間となっている。

商船が自然の避難所に投錨するのは、船体の損傷の修理や悪天候の間避難するため、さらに多いケースは、船長が目的地の港の接岸桟橋が空くのを待っていたり、あるいはまた船主が船荷を積み込んだり陸揚げしたりする場所を指定したりするからである。

船が港内やブイの上にいるときでも、安全がそれほど保障されているわけではない。インドネシアのジャカルタは危険度の高い港の一つである。発生した数十件の空き巣狙いのうちで二〇〇四年三月一日に起こったばら積み貨物船アイペン号の船上での泥棒と、三月三日にコンテナ船ケープヘンリー号の船上で起こった事件のことを述べよう。どちらの船もリベリア船籍であった。あとのケースでは、三隻の舟が後方からなにかものを売りたいと言って近づいてきた。コンテナ船の乗組員が離れるように命令した。その直後に、船員がゴムボートの船外機が一つなくなっているのに気がついた。海賊たちは、乗組員の注意が三隻の舟のほうに向いている間にコンテナ船に潜り込んでいたのである。

二〇〇四年一〇月一五日の夜明け、パナマ船籍の家畜運搬船ケリーエクスプレス号はジャカルタの錨地に投錨しようとしていた。船は突然三隻の木造舟に囲まれた。当直の航海士が警報を鳴らしたが、船のさまざまな場所から大勢の海賊どもが現れて盗みを働き、逃げていった。ドゥマイ港（インドネシア、スマトラ島）に接岸していたケミカルタンカーMMMジャクソン号は、二〇〇四年一一月一九日、山刀を携えた二人の男の訪問を受けた。彼らに船を降りるように命じた副船長は襲われ、ナイフで斬りつけられて重傷を負った。強盗たちは、船員たちの金品を奪った。

豪雨時は海賊どもが乗り込むのを助ける。二〇〇五年一二月六日と七日にインドネシアに停泊していたばら積み貨物船ベルゲントレーダー号とボンジタ号に泥棒が入ったのはそんなときであった。ドミニカ船籍のケミカルタンカー・ステッドファスト号はパレンバン港の前に投錨していたが、まずこうした災難に遭うことはないだろうと考えられていた。しかし、海賊どもは船全体を奪い取った。通報を受けた海賊情報センター（Piracy Reporting Center）は六日後になって船の痕跡を見つけた。二〇〇四年七月二六日、攻撃用の銃で武装した五人の男が、インドネシアのアンエール港に投錨するパナマ国籍の液化ガスタンカー・アンタレスガス号に乗り込んできた。連中は夜警の見張りに向けて銃を何発も発射したが、当たらなかった。当直の士官が警報を始動させると、強盗たちは盗めるものをできるだけ抱えて逃げ去った。

つづけざまに不幸に見舞われた船がある。二〇〇四年三月五日午後二時一五分、イランの貨物船イランボルハム号が積み荷をインドネシアのタンジュンプリオク港で陸揚げしているとき、二人の海賊が船に乗ってきた。彼らは銃とナイフで武装していた。彼らは甲板にあった盗めるものを奪ったが、最後には船員たちは全部取り戻した。乗組員が集まってくるのに乗じて何人かのコソ泥たちが港湾労働者たちの中に紛れ込んで船に入り込み、食糧庫から食べ物を盗み出した。翌日の五時四〇分、同じ貨物船がナイフと棍棒をもって覆面をした三人の男たちの襲撃の的になった。彼らは当直の士官を襲って、腹と脚と背中に傷を負わせたが、なにも盗らずに退散せざるを得なくなった。

インドネシアのバリクパパンは、すでに見たように悪党どものグループがわがもの顔にのさばる港町の一つである。パナマ国旗を掲げるばら積み貨物船タマルガル号は外側の錨地に停泊していた。二〇〇四年一月四日、五人の海賊が錨鎖孔を通って忍び込み、甲板長の大箱の錠をこわし、保安用の機材や設備を盗んだ。二〇〇四年一月二三日、タイのばら積み貨物船マリカナレエ号が同じ港に停泊して、船の左右両舷にいる二隻のはしけ船に積み荷を降ろしていた。数人の港湾労働者が船上にいた。船長は、武器をもった警官が一人いるのを確認していた。これだけの用心をしても、大胆不敵な悪党どもは船に乗り込み、盗みを働き、錨鎖を伝って船を降り逃げ去った。

七月三〇日、それは、たぶん同じ一味であった。アンタレスガス号を襲った連中だ。幅広短剣で武装した五人は、ベトナム国旗を立てた精油のタンカー・ダイロン号に潜入した。不寝番の男は首をつかまれて絞め殺すと脅され、警報を鳴らすのを止められた。海賊たちは保安設備や船員の私物を奪い、明かりのない舟に乗って逃げ去った。

乗組員の激しい抵抗が、ときには襲撃の結果を最小限に抑えることがある。パナマの貨物船キューピッドフィーチャー号は、インドネシアのタンジュンペマンシンガン港の前で投錨した。二〇〇四年九月二三日、真夜中ちょっと前、幅広短剣と山刀をもった三〇から四〇人の男たちが船に侵入した。アラームが鳴り、それを聞いた乗組員たちは五本の放水銃で砲列を敷いた。サイレンを鳴らし、放水し、投光器を向けた。戦いは一時間以上もつづいた。一時一五分になってやっと、襲撃した連中は逃げ出したが、それでもやはり盗めたものは持ち去っていった。

二〇〇四年一一月二八日、インドネシアの北ラウト島に停泊中の、マレーシアのばら積み貨物船ブンガサガティガ号に付近の海賊たちが大がかりな集団作戦を仕掛けた。日が暮れたころ、明かりを消した六隻のジャンクが貨物船に近づいた。一〇人の泥棒たちはロープをよじ登って船に入り、食糧庫の鍵を壊し、大量の食糧を盗んでから逃走した。

二〇〇五年二月三日、パナマ船籍貨物船ヘレンB号上では究極の暴力が振るわれた。六人の強盗が当直の船員を殴打し、縛り上げた。甲板士が、船員がどうなったのかを調べさせるために士官候補生を派遣した。しかし、海賊どもはその男の首にナイフを当てて脅し、縛り上げた。連中は船前部の大箱を開き、盗み始めた。警報が鳴り始めて、強盗どもは明かりをすべて消したモーターボートで逃げた。港湾事務所へのコールには応答がなかった。

パナマのプロダクトタンカー・グレイスT号はラウト島（インドネシア南カリマンタン州）のセブクに投錨した。バールと幅広短剣をもった八人の連中が錨鎖と錨鎖孔をよじ登り、一人の船員に襲いかかり、頭と脚に傷を負わせた。彼を縛り上げ、猿ぐつわを噛ませた。それから機材などを盗んで自分たちのモーターボートで消えた。

船上の夜警は船の安全を守っているのだろうか。それはあまり当てにはならない。三月三〇日、セブクに停泊中のダリアラニ号の前甲板に数人の泥棒がいるのを見つけた一人のガードマンが武器をもって急いで駆けつけた。そのため泥棒どもはほんのわずかな獲物を手にしただけで逃げ出した。しかし同じ日に、アンティグア・バーブーダ〔一九八一年イギリスから独立した西インド諸島東部の島々からなる国。首都はセントジョーンズ〕から来たコンテナ船ジャクリーヌ号には武器をもった二人のガードマンがいたが、六人の強盗たちを防ぐことはできなかった。幅広短剣で武装した強盗たちはガードマンたちを人質にして縛り上げ、前甲板の大箱を壊して中のものを盗んで、乗組員たちがやってくる前に消え失せた。

海賊どもに狙われる獲物のなかには救命ボートがある。これらのボートは、つぎには別の略奪行為に使われるだろう。さまざまな事例の中から、いくつかを紹介しよう。

三月二九日、マカッサル海峡で二人の海賊がパナマのばら積み貨物船レッドオーキッド号から救命ボートを一隻盗んだ。シンガポール船籍の貨物船プロティセラス号は三月一二日にバリクパパンの南東三二マイルの南シナ海を航行していた。二人の海賊が船をよじ登り、二隻の救命ボートを盗み、自分たちの船に乗って逃走した。船長がその船の特徴を書き留めて至近の港の当局に知らせたが、返答はなかった。

二〇〇四年六月二八日、ジャカルタのタンジュンプリオク港に停泊していたキプロスのコンテナ船MSCフェデリカ号から、悪者たちは救命ボート一隻を盗んだ。石油タンカー・トラントマー号でも、ジャカルタに停泊していたばら積み貨物船デルファ号でも、九月二六日にラコニア号で、一一月二〇日にはベルリアンエクアトール号で、そして一二月一日にはインドネシアに投錨中の日本船・天守丸でも同じく救命ボートが盗られた。

バリクパパンでは、一一月三日、パナマ船籍の貨物船ナンヨ号の甲板長が人質に取られた。その間に三人の強盗が二隻の救命ボートを盗んだ。香港のばら積み貨物船ジョヤスエイジ号は二〇〇五年一月一三日、ラウ島の近くに停泊していたが、銃と幅広短剣で武装した四人の海賊の訪問を受けた。警戒していた乗組員たちが集まってきたが、海賊たちはボート一隻を奪った。船長は現地の当局に連絡したが、呼びかけにだれも応えなかった。カイマン島船籍の石油タンカー・フォーシューナー号は二〇〇五年二月六日にバリクパパンに投錨していたが、船には警察官がいた。泥棒たちは船内に忍び込んだ。警察官は銃火を浴びせたが、泥棒たちは二隻のボートの係留綱を切ってそれらを自分たちの舟に巧みに乗せて運び去った。警察の捜査は失敗した。

二〇〇五年一月二三日、シンガポール船籍のプロダクトタンカー・バハジア号がパンジャン港の埠頭に横付けになっていた。三人の泥棒が船にやってきたが、乗組員が彼らを見つけると、何かよくわからないことばを発して逃げた。この石油タンカーはこのあとしつこく狙われるようになり、インドネシアのプルタミナ石油ターミナルで、三月と四月に二度も襲撃された。

逆に、四月一六日にバリクパパンに停泊していたばら積み貨物船SEマリアム二号船上での覆面の海賊たちによる救命ボートの盗み出しはうまくいった。もっと儲かったのは、二〇〇五年九月末の錫のインゴット（鋳塊）を運んでいたインドネシア貨物船プリマインダー号での襲撃作戦であった。泥棒どもは船に乗り込み、船長と乗組員たちを一隻の漁船に移し、貨物船とそれから高価な積み荷を持ち去った。

エンジンのスペアパーツもかっぱらいたちが大いに欲しがるもので、彼らは自分の機械類を修理したり、あるいは盗品を扱う仲買商に売るのである。以下に、約一〇件の事件のなかからいくつかを紹介しよう。

四人のピストルをもった男が、二〇〇五年九月一四日、リベリア船籍の石油タンカーの機械室に入り込み、乗組員に暴力を振るってスペアパーツを奪った。二〇〇六年二月一日、ジャカルタ港に一隻のマレーシアのばら積み貨物船がいた。夜中の一時半、武器をもった男五人が甲板に乗り込み、機械室に入って当直の人間を縛り、大量の部品を奪った。二〇〇六年四月一一日にパナマ国旗を掲げた自動車運搬船オレンジブリーズ号の船尾からロープを使ってよじ登った四人の強盗が盗んだのもスペアパーツであった。この船もジャカルタ港に投錨していた。

二〇〇五年一月七日、タンジュンプリオクの海岸に停泊中のシンガポールの貨物船スターレイカンガー号によじ登った泥棒四人は、エンジンのスペアパーツを奪って逃げた。それから二日後、同じ投錨地でナイフをもった五人の泥棒どもがベトナムの貨物船ハドン号の機械室に侵入したが乗組員と出くわし、殴り合いになり、なにも盗らずに逃げた。

悪党どもは、相変わらず二〇〇六年中も犯行を繰り広げた。二月一日になると、インドネシアのメラクに停泊していたばら積み貨物船エコビジョン号では大量のスペアパーツが盗まれた。

現金の窃盗もまた暴力行為を引き起こす。とくに南シナ海での事件がそうである。アマンバ島の沖合で、二〇〇四年四月八日、パナマ国旗を掲げた石油タンカー・シンガプーラウタラ号は一〇人ほどの海賊に遭遇し、船尾からよじ登られた。幅広短剣で武装した彼らは、自分たちのスピードボートに乗り移るまえに現金や貴重品を奪った。二〇〇四年五月二六日の夜は、中国南部で動き回る海賊どもはじつに活発だった。深夜二時半に短刀とピストルで武装した連中がパナマのばら積み貨物船ルビンステラ号に乗り込み、四人の船員を人質にして短刀で脅した。連中は船長の船室に行き、カネと私物を奪った。それから二時間も経たない四時一五分に、はじめの襲撃場所から数マイルしか離れてないところで、海賊たちがシンガポールのコンテナ船ワンハイ二二一号を襲撃した。当直の士官が人質に取られ、船長の部屋に案内させ、カネを盗った。コソ泥どもは他の士官たちの船室でも同じことをした。泥棒たちの人数と同じような行動パターンからみると、二つの事件は同じグループの犯行によるものと思われる。

ときには、中国当局が関わっているのではないかと疑わせるようなケースがある。その疑いがあるのは、パナマ国旗を掲げた紙巻きタバコを運んでいたアリシアスター号の場合である。この輸送船はルソン海峡でたぶん中国のコルベット艦〔対空対潜装備を持った高速軽装の小型護衛艦〕に行く手を遮られた。船荷は密輸で転売され、そして当局は船を返却するために五〇〇〇ドルを要求した。

貧しい漁民でも被害を免れるわけではない。二〇〇四年一月二〇日、一隻のミャンマーの船がタイの領海で漁をして帰ってきたとき、海賊に乗り込まれ、カネや燃料を盗まれた。連中はタイの方向に向けて逃げた。海賊たちのうちの数人があとで捕まった。二〇〇四年二月一〇日、ほんものの海戦がインドネシアのベラワン〔スマトラ島北部の港町〕の近くで起こった。一一人の乗組員を乗せたインドネシアのジャンク漁船KMチャンピオン号は海賊に襲撃された。彼らはたぶん反政府グループでAK－47やAK－56などの小銃を備えていた。彼らはそのジャンクを奪った。連絡を受けて出動したインドネシア海軍は船を発見し、航行を妨げ、停船を命じた。一一人の乗組員の漁夫たちは海に飛び込み、戦艦に助けられた。ジャンクに残っていた三人の海賊は命令に服することを拒否したので、戦艦が銃撃し、ジャンクは沈められた。海中に投げ出された三人の海賊は、哨戒艇内に拘留された。

二〇〇四年四月一七日、セレベス海で海賊が一隻の漁船ジェイムズボンド号を銃撃し、エンジンとフィリピン人たちのささやかな金品を取り上げ、そのうちの二人を殺した。別の四人は消息不明である。同年四月二五日の深夜、プラウ島の沖合で襲撃用小銃M16をもった海賊たちがスピードボートでやってきて、漁船に乗り込み二人の船員を人質にし、乗組員たちの私物をすべて取り上げてから人質の一人を解放した。一隻のマレーシアのトロール船が、二〇〇四年六月一四日、マレーシアのクアラスプタン〔マレーシア、ペラ州タイピン市に近い漁村〕の沖合を航行していたとき、自動小銃で武装した一〇人ほどの連中に襲われ、船員のうち三人が誘拐された。残りの三人はやっと港にたどり着いて警察に通報した。二〇〇六年一月一五日、フィリピンのバシー海峡で、一艘のジャンク漁船マンチュンイ号はユニフォームのようなものを着た海賊たちの銃撃を受けた。船長が死亡し、船員一人は怪我をして、船は奪われた。

同じく、数隻の漁船が二〇〇六年一月三一日と二月二三日にプラウ島の近くで、同年三月一一日にシノクット海岸の沖で襲われている。そのたびに、二〜三人の小さなグループが漁師たちを威圧する。そのあいだに売り捌けるものはすべて盗んでいく。火器をもった一二人の悪者たちが、二〇〇六年五月二三日、フィリピンの漁船カディズシティ号を奪い、身代金を要求した。しかし、船長とその部下たちはやっとのことで海賊どもを捕らえて、フィリピンの警察に引き渡した。

さらにいっそう悲劇的だったのは中国の漁船ジンハイ号が受けた襲撃である。あまりに貧しく不幸な人たちが、ひもじさに耐えかねて起こす生き残りのための行動など、先進国の我々には思いも及ばない。船は南シナ海の南沙諸島の中を航行していたとき一三人の泥棒どもが乗り込んできたが、彼らは人殺しであった。連中は発砲し、四人の船員を殺し、三人に傷を負わせ、ちょっとした貴重品を盗み、逃げ去った。

ベトナムもまた、襲撃から身を隠すことはできない。すこし前には、ボートピープルは襲撃者たちにとっては簡単で食欲をそそる獲物だった。もっと危険の少ない国へ行こうとする人たちは、あり合わせの小舟に持ち出すことができるささやかな全財産を積み込んでいた。現在では、ボートピープルはいないので、海賊どもは商船や抵抗できない漁船を狙うのである。一隻のプロダクトタンカーが、二〇〇四年二月三日、ホンガイ〔ベトナム北部ハイホン港の近く〕海岸に停泊中に盗難の犠牲になった。二〇〇四年一二月二二日午前三時一〇分、鉄棒をもった八人の海賊が、カンパ〔ベトナム北部の港〕沖に投錨中の香港の貨物船スーパーテック号の乗組員を襲撃して食糧を盗んだ。二〇〇六年五月七日、ブンタウ〔ベトナム南部〕海岸に停泊中のシンガポールのコンテナ船シマプライド号が攻撃を受けたが、この船には現地の警察のモーターボートが横付けされ、武器を携帯した警察官二人がいたのに、襲撃者たちは食糧庫の錠前を壊し、救命ボートを盗んでいった。

バハマの貨物船メコンステイツ号は、二〇〇五年一月一六日、ハイホン港に投錨していた。夜中の一時に数人のごろつきたちが船に乗り込み、宿直の水夫が警報を発したのに盗みを働いて、完全に消灯した舟に乗って逃げ去った。二月二四日、ホンガイの投錨地にいたケミカルタンカー・トリニティ号は錨を下ろそうとしていた矢先に数人の連中が船内に潜り込み、盗んで逃げた。同じ船が、二〇〇六年二月五日、バリクパパンの停泊地で救命ボート一隻を盗まれた。通報を受けたインドネシアの当局がそのボートの回収に成功した。

ホーチミン港にもリスクがないわけではない。二〇〇六年七月一〇日から八月一九日の間に一隻のばら積み貨物船が四回も盗難の被害にあった。

ただし、ベトナム領海では、ごろつきたちが狙うのはとくに漁師である。二〇〇四年一月一六日、銃をもった連中が二隻の船に乗り込み漁師の一人を殺し、もう一人に傷を負わせ、その他一五人を海に投げ込んだ。そのうち一〇人は別の漁船に助けられたが、五人は行方不明になった。たぶん同じ悪党どもだろうと思われるが、二週間後にキエンザン省〔ベトナムのメコンデルタ地帯の省〕の沖合で二隻の漁船が襲われた。銃で武装してぶっ放し、一八人の漁師にむりやり海に飛び込ませ、そのうち一人に重傷を負わせ、それから二隻の船と漁具類を奪ってタイの方角に逃げ去った。貨物船が一五人の男を救ったが、しかし残りの三人はたぶん死亡したものと思われる。

反政府運動と海賊の結託はなんども明らかになっている。二〇〇六年八月五日のフランスのフィガロ誌に載ったルポルタージュがそれを裏付ける。ミャンマーの軍事政権と戦うカレン族は、彼らの運動資金を手に入れるためにこの地域の海賊と手を結んでいる。ジャック・ドゥギルボンとシルバン・ジオニーニの二人の記者は海賊船に乗せてもらったが、この船は機関銃やロケットランチャー、無反動57ミリ砲などで重武装していた。カレン族の首長が一人乗り込んでいた。記者たちは、ミャンマーの水路測量船の襲撃現場に立ち会って、徹底した略奪を見た。食糧、書類、レーダー、測深器、ＶＨＦ、ラジオなど、すべて奪いとった。それから、襲われた船は大砲で撃沈された。漁民の集団による襲撃はつづけられて、タイの大型トロール船の乗組員たちが人質に取られた。

時間があれば、脅された乗組員たちは、通信機で至近の港湾当局に通報する。しかしほとんどの場合返答が得られず、なんの行動を始めることもできない。ときにはつぎのようなことも起こる。シンガポールの石油タンカー・アガテ号がインドネシアの港に停泊中に襲われたときに、インドネシア海軍西部地区事務所の当直の人間で英語を話せる者が一人もいなかったのだ。

しかしながら、すべての企てがうまくいくわけではない。襲撃計画のうちで半分近くが失敗に終わる。海賊行為の一つひとつが、襲われた船の船長にそれぞれ別の難しい問題を投げかける。なにができるのか。なにをしなければならないのか。海賊たちが船に乗り込んでしまったら、どんな行動の余地があるのか。乗組員は武器を携え、戦って、船内に避難しなければならないのか。船長は、血まみれの惨劇を避けるために海賊たちの要求を呑まなければならないのか。あるいは交渉をしてみるのか。非常にたくさんのデリケートな問題があるが、それらはこの本の終盤で扱うことにしよう。

多くの事件のなかからいくつかの事件を取り出すと、同じような暗くて不幸な話を繰り返すことになる。それにしても、どうしてもある地域の話に限られてしまうが、別の場所でも海賊どもは大暴れしているのだ。

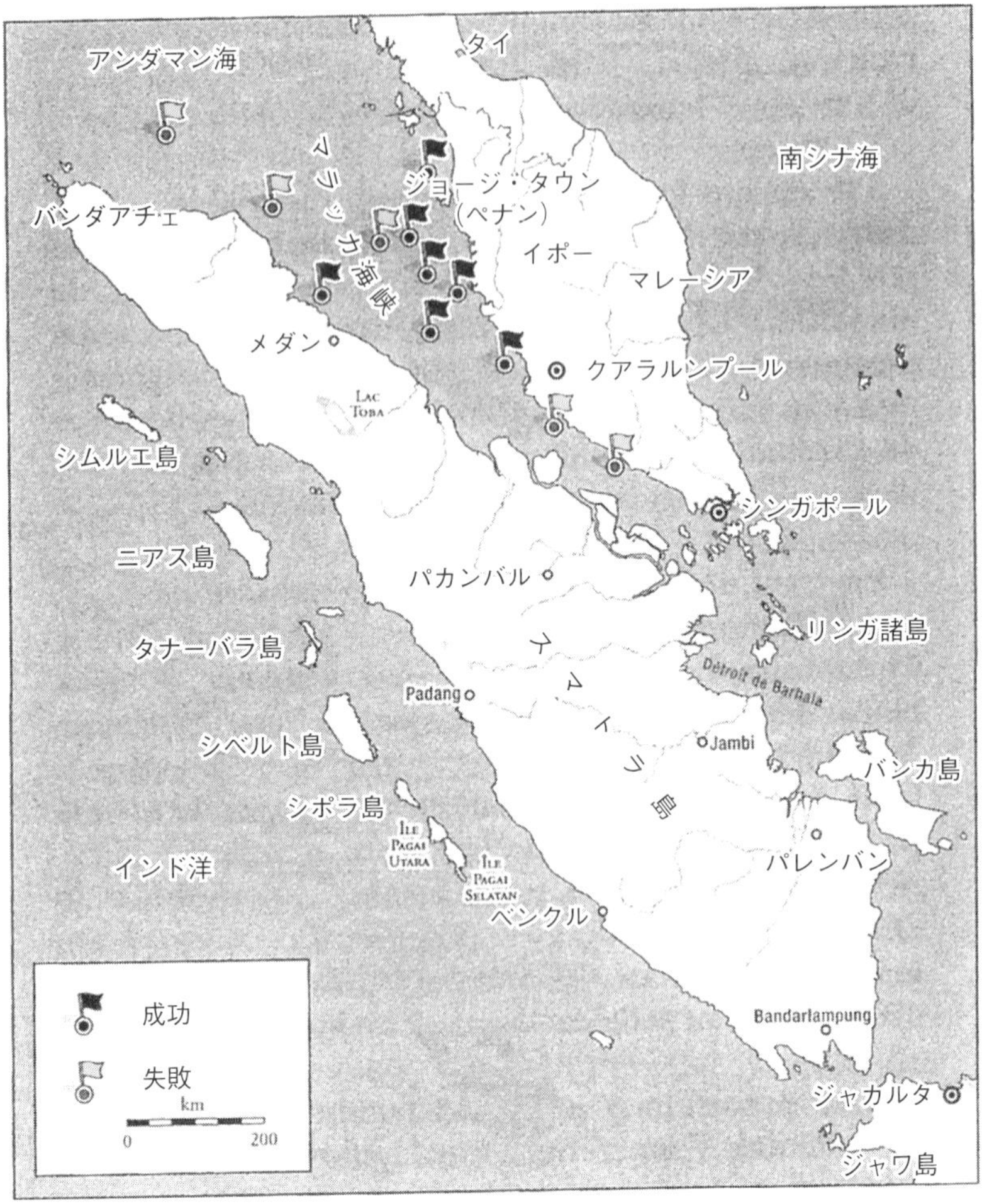

2005年にマラッカ海峡で発生した海賊行為

4 マラッカ海峡の罠

マラッカ海峡はマレーシアとスマトラ島を分けているが、ここは船舶の交通量が世界でいちばん多い地域の一つである。そのことを理解するには地図を眺めるだけで十分だ。この海峡は、極東とその他の世界の間の必然的通過点である。東からは、日本、韓国、台湾などで生産される自動車、テレビ、コンピューター、中国の繊維品が西欧へ向けて運ばれる。西からは、西側諸国で製造される石油製品や数々の品物がスエズ運河を利用したり、南アフリカ共和国の喜望峰を迂回して送られる。

約六〇〇隻の船が毎日マラッカ海峡を縦横に行き交う。これらは世界の船舶交通量の三分の一を占める。日本に向かう石油や天然ガスなどの八〇パーセントがここを通過する。マラッカ海峡の交通頻度はドーバー海峡やジブラルタル海峡のそれに匹敵する。シンガポールは、出入りする船舶の総トン数において世界一の港である。

約一〇〇〇キロの長さのマラッカ海峡は、その最も狭いところでは幅が一三〇〇メートルしかない。六ノットにも達する海流、暗礁と浅瀬のため衝突のリスクが高く、乗組員たちにとっては細心の注意が求められる。口車に乗せられたり、前日にかき集められたりの船員たちを乗せてゆっくり航行しなければならないので、商船は海賊たちの絶好の餌食となる。

海峡の南側でスラム街に暮らす貧しい人びとは、東アジアでも経済的に最も豊かな首都の一つである海峡の反対側のシンガポールの姿を遠くから眺めている。この街はそのビルディングの照明で光り輝き、夜空をその無限の光暈（こううん）で輝かせる。海峡の中ほどにはリアウ諸島やビンタン島が海賊どもに格好な基地を用意している。またシンガポール海峡のフィリップ水道が狭いことは格好の隠れ場所を提供している。スマトラ島の最西端のアチェ州は、たっぷり袖の下をもらっている役人たちの協力を得て、乗っ取られた貨物船の積み荷を降ろすのにはお誂えの場所である。

そういうわけで、マラッカ海峡は世界で二番目に海賊のリスクが高い場所である。その件数は二〇〇四年には三七件、二〇〇五年には二二件が記録されている。数字上の改善で現実を見失ってはいけない。暴力行為は甚だしいものがある。海賊どもは武器をたっぷり備えている。この地域では反政府活動が活発なので、カラシニコフ銃やロケットランチャーが簡単に手に入るようだ。襲撃する連中はすぐに発砲し、乗組員を縛り上げ、人質にして閉じ込め、身代金を受け取るまで解放しない。二〇〇四年だけでも四人の船員が殺害され、三六人が誘拐された。

もう一つの心配は、重大な海洋汚染のリスクと関連している。海賊に襲われたオイルタンカーが漂流して座礁し、その積み荷が隣接する海にでも流出したら、環境保護上の大惨事を引き起こすかもしれない。一九九一年に、あやうくそれが起こりそうになった。オイルタンカー・イースタンパワー号は二四万トンの石油を積んでいたが、漂流するままになり、機械類は動いていたが乗組員たちは縛られて船室に閉じ込められた。危機一髪のところで船員たちは自分たちの力で束縛を解き、船の制御を取り戻した。一九九四年四月二四日、非常に引火性の高い油三〇〇〇トンを積んだバリアントキャリア号は、一隻のモーターボートに襲撃された。海賊どもは船尾に取りついて甲板に三個の火炎瓶を投げ、火の手が上がった。そのとき運よく乗組員が到着し、火を消した。

もっと興味深いのは、数年前に起きた出来事だ。一隻の税関の快速艇が密輸入者の積み荷を没収した。税官吏たちは彼らの没収品をこれ見よがしにして引き返したところ、途中で一五艘ものサンパン舟に囲まれて船に乗り込まれ、ブランデーとウィスキー一万ケース、紙巻きタバコのカートン三万八〇〇〇箱などを奪われた。

これから述べる最近発生した何件かの海賊事件は、マラッカ海域の危険性を示すものである。数々のケースで、海賊たちはしばしば警告なく撃つ。二〇〇四年五月二五日午後五時、四人の悪者たちが一隻の高速艇に突然乗り込んできた。突撃用の銃と手榴弾で武装した連中は銃を撃って、そのシンガポールの貨物船ベルジャヤII号を停船させた。彼らは船橋に入り込み、船長と機関長を人質にとり、通信機器を破壊し、書類などをぜんぶ取り上げ、乗組員にはこの船の行き先の港であるインドネシアのベラワンに行くのを禁じた。船はマレーシア西部のアンサ島〔マレーシア・スランゴール州沖の島。首都クアラルンプールから六七キロの距離にある〕に向けて航行し、そこで海賊どもは人質解放のための身代金を要求した。

二〇〇四年六月一一日、ベラワン港沖に投錨していたインドネシアの輸送船プマタンプルタミナ一〇二一号の船上で繰り広げられたのはまさに海戦であった。午後四時二五分、攻撃用小銃AK－46で武装した反政府組織GAM（自由アチェ運動）の兵士と疑われる数人の男が船に向けて銃口を開いた。彼らのうち四人は自分たちのモーターボートに残り、残りの六人が輸送船に乗り込んだ。連中は書類を奪い取り、船員たちを士官室に閉じ込めた。ようやく無線通信士が遭難電報を送ることができた。反政府軍兵士たちは船長に貨物船の所有者と連絡を取ることを求め、五億ルピー、すなわち五万ドル以上の身代金を要求した。通報を受けたインドネシア海軍は急いでクリKSタブン号を送った。この哨戒艇を見てモーターボートに残っていた四人の海賊たちは逃げた。水兵たちはプマタンプルタミナ一〇二一号に乗船した。恐怖にかられた六人の反政府軍兵士は機械室に身を隠し、最後まで戦うことを決意した。インドネシアの海軍兵士と反政府軍との銃撃戦は四時間半つづき、三人の反政府軍兵士が死亡した。その他の三人は行方不明である。

この地域に出没する海賊は人質を取ることが多い。たとえば、二〇〇四年一月五日、一隻の精製品輸送船チェリー二〇一号は、銃で武装した男たちに襲撃され、ハイジャックされた。連中は一三人の乗組員を人質にした。直後に、身代金請求の役割を担わされて船長が解放された。輸送船の持ち主たちとの一カ月にわたる折衝の末、交渉は失敗した。海賊たちは四人の船員を殺した。その他の八人は水中に飛び込み、助けられた。

一月二九日、幅広短剣で武装した五人の海賊がトルコのコンテナ船ボーダー号の船上によじ登った。彼らは船橋に入り込み、当直の士官を人質にして船長室に案内させた。連中は、船長に金庫の鍵をわたすように言った。しかし、船長は応接室から逃げ出して寝室に閉じこもり、乗組員たちに通報した。泥棒たちは、船室にあった貴重品を盗んだだけで満足して逃げ出した。

共犯者や港湾労働者などがそれなりの報酬を得て、海賊たちに、いちばん襲いやすい船やハイジャックすればいちばんカネになりそうな船の情報を知らせているのではないかと疑われることがある。六月八日、インドネシアの貨物船イカムルニ号はベルハラ島を出港してまだ二〇マイルほどしか航行していなかった。そのとき、おそらくアチェ独立運動に関係のある二〇人の海賊が船に侵入した。乗組員のうち一二人は海に飛び込んだ。彼らは近くにいた漁船に救助された。海賊どもは船長と機関士を人質にして連れて逃げ、貨物船を漂流させたままにした。船主たちはタグボートをチャーターして船を港に曳航しなければならず、誘拐犯たちは乗組員を解放するための身代金を要求した。

南シナ海でのようにはしけ船を引っ張るタグボートは悪人たちに狙われる。シンガポールのタグボート・ブリトイル二九号が、二〇〇四年六月一三日の夕暮れ時に一隻のはしけ船を曳いて航行していた。そのとき八艘の小舟の攻撃を受け、舟の盗賊たちは発砲し、停船を命じた。七人の海賊が乗ってきて金銭と船の書類、身の回りのものを盗み、船長と機関士を連れ去った。副船長には、五日間は当局に通報するなと命じ、もし守らなければ人質を殺すと言った。

つぎの事件の二〇〇四年九月三〇日の晩に誘拐された船長と機関士がどうなったかは、だれも知らない。タグボート・リンコ号はシンガポールのはしけ船スリャナワI号を曳航していたとき、とつぜん数人の海賊が現れ、舷窓〔船体の側面の採光や通風用の円窓〕を壊し、書類と機材を盗み、人質を連れて逃げた。その後に、船主たちと人質の解放のために交渉に入った。

二四時間経たないうちに二度の襲撃。それがシンガポールのタグボート・エルナ号とはしけ船キングピン号に襲いかかった不吉な運命であった。二隻の船は、最初は一〇月二日午後六時二〇分に襲われた。被害報告によれば、操舵室の窓の破壊、通信設備と航海計器の損害、貴重品と書類の盗難だった。船長と機関長が人質に取られた。翌日午後五時四五分、タグボートが新たに海賊たちの犠牲になった。副船長が指揮を執り、そのタグボートをシンガポールに導いた。乗組員の話によると、海賊たちはきちっとした市民の服装をして、非常に攻撃的であったということだ。

インドのタグボート・スバイツァーモラ号は、同じ会社の別のタグボート・スバイツァーダムカ号に曳いてもらっていた。中東に向けて航行していたとき、二隻の船はこの海峡を減速して進んでいた。海賊たちはそれを利用した。一一月二七日午前九時一〇分、一艘の漁船に乗って自動小銃で武装した彼らは銃撃し、船長二人、士官一人と料理人を捕らえた。彼らは書類と貴重品を盗み、逃げた。たぶん獲物が十分でないと思ったのか、彼らは午後七時にまた現れて、VHF（超短波）ラジオの電源を切り、GPSをもって立ち去った。二隻のタグボートの船長は、事件を通報したインドネシア当局の到着を待たずに、マレーシアに避難先を求めた。

二〇〇四年一一月三〇日に海賊の標的になったのもまた二隻の船団であった。マレーシアのタグボート・マシンドラ一三号とそのはしけ船トロピカルジャヤ号が銃をもった数名の海賊に攻撃され、書類を奪われ、船長と甲板長が捕らえられた。午後二時二五分だった。後悔の念に駆られたものか、またはなにかの指令を受けたものか、海賊どもは夕刻の七時四五分に戻ってきて乗組員を脅し、はしけ船の引き綱を解かせて船を奪っていった。

一二月一五日にまた、武装襲撃ですべての書類、船と船員に所属する財産を盗まれ、人質を取られる事件が、インドのムンバイに向けて航行していたシンガポールのタグボート・エナサブリン号上で起こった。二〇人を下らない海賊どもは攻撃用の銃で武装し、二艘の漁船に乗って襲来し、船上に乗り込んできた。襲撃した連中が逃げるときに人質を連れていった。残された一〇人の船員はマレーシアのペナン島に向けて進み、ある港に避難してそこで彼らの船主の指令を待った。

書類の盗難はなぜ起こるのだろうか。船舶書類は変造されて、乗っ取られて船名を変え、ペンキを塗り替えられて売られる貨物船のために使われるのである。船は変造された書類を携え、細かいことには目をつぶるどこかの国が授与する便宜置籍旗のもとで運航されることになるのだ。

商船の乗組員たちが、船がマラッカ海峡に差し掛かると不安な気持ちに襲われることはよく理解できる。そして、彼らの恐れがさまざまな誤解を招くことになるのだ。二〇〇四年三月二七日、パナマの小型貨物船プレイリスカイ号は一隻の補給船の命令に従うことを拒否した。これは、《supply》と呼ばれる行為で、船舶に停船を命じるのである。しかし、貨物船の船長が、海賊が現れたと思ったのは至極もっともなことであった。船はそのまま自分の航路を進んだ。補給船は船を追跡した。そして、船首と船橋に向けて発砲し、そのばら積み貨物船を停船させた。貨物船の船長は襲撃した船と連絡をとりはじめ、追ってきたのは海軍の船であることを知った。発砲は止み、プレイリスカイ号の乗組員はほっとして、ふたたび航路をたどることができた。

船長たちは、船がシンガポール領海にいるときには安全であると感じているのだろうか。そんなことは、まったくない。

二〇〇四年三月五日、インドネシアのタグボート・アクアプルドナ号とそのはしけ船は、港の水路のなかにいた。午前四時に、六人の海賊が乗組員のカネすべてと貴重品を盗み、それから高速ボートに乗ってイユケチル島〔マラッカ海峡インドネシア領の周囲二〇〇メートルほどの小島。この島の灯台は、マラッカ海峡最大の難所フィリップ水道へ向かう航路を照らしている〕の方角に向けて逃げ去った。

マーシャル諸島共和国〔太平洋上の島国。旧日本委任統治領のマーシャル群島〕の国旗を掲げるばら積み貨物船ケープハラランボス号は、二〇〇四年一月二九日、シンガポール海峡にいた。三人のごろつきどもが短刀を振りかざして、午前一時三五分に甲板によじ登り、船長を襲い、船室で縛り上げ、船のカネと船員たちの私物を盗み、船尾から飛び降りて逃げ去った。

三月一六日午前零時ちょっと前に、シンガポールの海岸に投錨中の現地のタグボート・アンフィイ号はナイフをもった男たちに襲われ、彼らは船員たちを恫喝して船長室へ案内させた。脅された船長はドアを開けざるを得なかった。彼らを脅して、一〇分間で船長室を荒らし尽くして船員たちのカネと貴重品を持ち去り、一人に傷を負わせた。

アンフィ号での事件と非常によく似たやり方から判断すると、五月九日に暴れまくった連中はおそらく同じ海賊どもだろう。シンガポール船籍のプロダクトタンカー・オーシャンプリンセス号はその母港の海で、午前一時一五分に五人組のごろつきどもに襲われた。彼らは、船長、副船長、機関長、三等航海士、それに三人の船員を捕らえて、船の現金や乗組員たちのカネと貴重品を奪い、船長と機関長、それに船員一人に傷を負わせてから一時三五分には消えた。

その他の同様の悪事は、二〇〇四年を通じてなんどもあったが、そのうちのいくつかは失敗に終わっている。

二〇〇五年五月四日、パナマのばら積み貨物船ボイジャーV号はシンガポール海峡のホースバーグ灯台〔シンガポールの東側、マラッカ／シンガポール海峡の東の入り口にある小島ペドラブランカ島に一八五一年に設置された灯台〕の前を航行していた。高速モーターボートに乗った五人の海賊が貨物船を銃撃した。甲板士が警報を発し、投光器で照らし、ドアを封鎖した。しかしこれも、十分に武装した襲撃者たちが船に乗り込み、船橋の扉を突き破るのを阻止することはできなかった。彼らは船員たちを縛り、「殺すぞ」と脅し、船と乗組員たちのカネと機材と貴重品を奪った。

二〇〇四年一二月二六日に襲来した津波は、スマトラ島の北部沿岸地方に大被害を与えた。現地住民数千人の生命を奪い、すべての村々を押し流し、停泊中の船舶、または砂浜に引き上げられていた船を破壊した。何人かの海賊が命を落としたかもしれない。彼らの船や武器が使えなくなったことも考えられる。とにかく、この大災害のあとの時期には海賊行為はまったく届け出がなかった。人びとは、まず最初に、自分が生き残ることを考えたのだ。また、フランス海軍の練習船ジャンヌダルク号のような多数の船舶が、被災住民たちの救援に向かった。それらの船の存在は、事実上この地域の監視に役立った。しかし、少しずつだが例の伝統的な海の仕事が戻ってきた。津波のあと略奪行為の回数は減ったが、人質の奪取や身代金の要求などの暴力行為が弱まったわけではない。このやり方はたぶん、反政府グループなどが武器を手に入れる必要性から行っているのではないか。また仮定できるのは、海賊たちが仕事の道具である高速船や銃、ロケットランチャーなどを新たに手に入れようとしているのではないか。

二〇〇五年二月二八日午後八時三〇分、津波の二カ月後、その傷跡が薄れはじめる。強盗たちの活動の復活がそれを証明した。それはまずマレーシアのタグボート・ハイライン二六号とそのはしけ船への襲撃ではじまった。襲撃者たちは通信機器を破壊し、機関長の脚に重傷を負わせた。船舶書類と船員たちのパスポートを奪ってから、船長と甲板長を人質として連れ去った。通報を受けたマレーシアの海軍船がタグボートを助け、機関長を乗せて病院に運ぶために陸地に降ろした。人質は一〇日後に解放され、漁船に乗ってクラン港〔スランゴール州のクアラルンプール近郊の港〕に帰還した。船主たちは口を閉じていた。身代金が支払われたのか、その金額はどれほどかもわからなかった。その代わりに、三月一二日に海賊に乗り込まれてハイジャックされたインドネシアの輸送船トリサムドラ号の船長と機関長が、身代金と引き替えに解放されたことを知らされたのである。

二日後、こんどは日本のタグボート韋駄天号とそのパナマ船籍のはしけ船くろしお号が襲撃の犠牲になった。三隻の漁船に乗った数名の海賊たちが、船長と機関長、機関士一人を捕まえて連れ去った。マレーシア警察が駆けつけ、二隻の船を護衛して近くの港まで送った。このときの人質たちがどうなったかは知らない。おそらくは身代金の支払いのあとで解放されたものと思われる。

三月三一日、パナマのばら積み貨物船オーシャンブリッジ号で船長がまた人質にされた。さらに悲劇的で暴力的だったのは、四月八日のシンガポール船籍のキョシエ号への襲撃だった。船はその母港のまさにその海域に停泊中であった。一〇人の悪者たちが船上によじ登り、船長と船員たちの手を縛り、そのうちの一人に傷を負わせた。彼らは船と乗組員の貴重品を盗み、高速ボートに乗って消えた。

停船させるために発砲してから自動小銃と幅広短剣で武装した八人のごろつきどもが、二〇〇五年六月一日午前二時ごろ、パンコック島の沖合で、重油運搬中のタイのオイルタンカーBPP一四号に乗り込んできた。彼らは乗組員全員を船首甲板に集めて、船からごっそり金品を盗み、書類や船員たちの持ち物を奪う間、ずっと船員たちを脅しつけていた。それから、彼らは船長と甲板長を誘拐していった。副船長が近くの港に向けて進路をとった。捕虜たちは一〇日後に、身代金を支払ったあとで解放された。

それから二週間後、六月一四日にランカウイ島〔マレーシア北西部のアンダマン海にある島〕の沖で、ロケットランチャーで武装した一〇人の海賊がマレーシアに船籍のある輸送船ナプリンデリマ号に襲いかかった。連中は船を支配しハイジャックした。勇敢な乗組員の一人が、海賊どもの隙をみて海賊のボートに飛び乗り、全速力で逃げて陸地に着き、警察に知らせた。一隻の巡視艇が急いで派遣され、ナプリンデリマ号をルバール島の前で発見。船を臨検し、海賊どもを捕らえた。

二〇〇六年三月、鉄鉱石を輸送していた一隻の日本の貨物船が、小さなボートに乗ってきた六人の海賊たちに襲撃された。連中は、二一人の乗組員全員を縛り、現金で四〇〇〇ドルを奪い、双眼鏡や携帯電話などを盗んだ。船はその他の海難にはまったく遭わず、また一人も怪我人を出すことなく日本に帰り着くことができた。

漁師たちが目こぼしされているということはない。彼らのジャンクは乾舷が低く、簡単に乗り込めるし、航行速度も遅い。漁船内にある金目のものは少なくても、襲いやすい獲物である。二〇〇四年二月二日、魚を買いたいという漁師を装って近づいてきた海賊が、ジェラジャック島〔マレーシア・ペナン島とマレー半島に挟まれた小島〕の沖を進んでいたマレーシアのトロール船に乗り込んできた。連中は船長に、船主に連絡をとって一三万二〇〇〇ドル相当の身代金を払うように言えと強要し、要求の終わりに空中に向けて銃を発射した。海賊どもは奪った船をアチェに引っ張っていき、機器や書類、それにトロール船が獲った魚などを奪い、最初に要求した金額の三分の一ほどの身代金を受け取ったのちに、人質たちを殴ってからやっと解放した。四月一七日にパリットハジバキ海岸の沖合で一人の漁師を手荒く扱った海賊たちは、武器をたっぷりもっていた。彼らは高速ボートに六人乗っていて、銃撃してきた。乾舷には銃弾が達したが、幸いなことに誰も負傷しなかった。

二〇〇五年五月一九日、マレーシアのトロール船がペナン島の三九マイル沖の海で攻撃された。六人の海賊たちが水中銃を振りかざし、タイ人の船員四人を誘拐して身代金を要求した。そのうちの一人には船主と連絡をとり、要求したカネを取りに行くように求めた。二〇〇五年五月二一日、数人の海賊どもがマレーシアの漁船を銃撃し、二人の船員が傷を負って後に病院に運ばれたが、船に乗り込まれることはなかった。

二〇〇六年のはじめの数カ月間は、マレーシアの何隻もの漁船が襲撃にあい、相当ひどい被害を被った。漁船の一つでは、海賊たちが引き揚げる前に撃った銃弾が船体に当たった。

しかしながら、マラッカ海峡で記録された海賊行為の数は二〇〇四年以降は著しく減少した。アメリカと日本は沿岸諸国に戦闘艦三隻を提供している。二〇〇五年一一月にはMMEA（マレーシア海上法令執行庁）が開設され、その海軍が一日の休みもなく二四時間態勢で絶えず監視をつづけている。二〇〇六年前半には、マラッカ海峡ではたった五件の海賊行為しか起きなかった。その他、何件かは失敗に終わっていたのかもしれない。船舶交通量が多いこと、地理的条件、そして過去の発生頻度などとの関連で考えると、この結果はいくぶん楽観的な期待を抱かせるものかもしれない。

5 インド亜大陸――海賊しか仕事がない人びと

バングラデシュにおよそ一億四〇〇〇万人、インドには一〇億以上の人口、それにきわめて大きな社会的格差をかかえるインド亜大陸は、世界で最も貧しい地域の一つでもある。旧東パキスタンは、現在ではバングラデシュになっているが、この国にはさまざまなハンディキャップがある。こんなに多くの不運を背負う国は滅多にない。自然災害、モンスーン期の豪雨、数千の死者と家屋を失う者を生じさせる洪水は、毎年国際社会に大きな衝撃を与え、NGOの活躍の舞台となる。ついで、多くの慈善団体がその他のさまざまな緊急事態に対応する。バングラデシュは本来農業国であり、ジュートの世界一の生産国である。しかし、コメの収穫は国民を養うのに十分ではない。この国には鉱物資源がなにもない。また工業はほとんど存在しない。貿易はつねに赤字状態である。

貧困、飢餓、不公正への憤り、ときには暗殺やクーデターをともなう政治的不安定、汚職と無秩序などが、なぜ一部の人びとが犯罪行為に走るのかを説明している。徒党を組んで行動する悪党たち、または社会の底辺で暮らす人たちの小集団にとっては、海賊行為は生き残りのための最後の希望、しばしばカネになる本物の事業なのだ。現在では、当局はこの国の安定化のために働いてはいるが、警察はこれまでずっと無能で、力不足で、さらには黙認しているのだ。

二〇〇四年と二〇〇五年には、二五件ほどの商船または漁船への海賊行為の届け出がある。この現象がどのようなものであったかを明らかにするためには、しばしばどれもこれもが似たようなものだとしても、それらの状況を詳しく述べることがどうしても必要だと思われる。

チッタゴンはこの国の最も重要な港でバングラデシュ第二の都市である。この街には、この地域では珍しい工業企業の一つである製鋼所がある。バングラデシュへの入り口でもあり出口でもある重要な港であり、経済に欠くことのできない石油や住民の生存のために必要なコメがここに運ばれ、またジュートの袋が積み込まれる。そうした重要性に加えてチッタゴンは、商船の乗組員にとっては、最近数年間に調査された略奪行為が示すように、非常に危険な港でもある。

二〇〇四年二月七日の午前三時、悪者たちの集団が、チッタゴン港に停泊中のモンゴル船籍の小型貨物船スター四号に乗り込んだ。連中は二人の警備員に発砲し、貴重品を盗んでから逃げた。傷を負った二人の警備員は、一隻のタグボートに救われて病院に運ばれたがそこで死亡した。七月九日夜の一一時半、マレーシアのケミカルタンカー・スートラエンパット号は同じく接岸待機で停泊していたが、二艘のボートに乗った一二人の海賊たちが近づいてきた。マチューテをもった一人がよじ登って船首甲板に乗り込んできた。乗組員たちが防戦して、その泥棒はちょっとしたものを盗んで逃げ去った。同じくチッタゴンで、たぶん同じ一二人のグループだと思われる連中が、八月一日に夜間の同じ時間に、マーシャル諸島共和国のコンテナ船ミクロネシアンヘリテージ号に乗り込んだ。当直の警備員が警報を鳴らしたが、海賊どもは数点の品を盗んでいった。

同じ港の沖合で、七月三〇日の真っ昼間、セントビンセント・グレナディーン〔一九七九年に英国から独立したカリブ海東部の島国〕に登録されているタグボート・デアチャンセラー号とそのはしけ船ビジョイヤーアアロ号が、海賊に乗り込まれた。襲撃者たちは、はしけ船の積み荷をすべて奪い、取り外せるあらゆる設備を持ち去った。

シンガポールのコンテナ船オリエントエクセレント号は、九月三日の午前二時、警備員が警報を鳴らし、乗組員たちが防戦したが、船首甲板で盗難の被害に遭った。

セントビンセント・グレナディーン船籍の補給船デアリング号は、九月一六日、曳航するもう一隻の船とともにチッタゴン港の水路を進んでいたとき、短剣で武装した九人の強盗に襲われた。乗組員たちは放水銃と鉄棒で戦ったが、ギャングたちは手当たり次第に奪ってから逃亡した。幸いにも、船員はひとりも怪我をしなかった。

タイのばら積み貨物船ブーントリカナレエ号は、一一月一一日、チッタゴン港の前に投錨していた。六人の悪党どもが船に乗り込み、いくつかの品を盗んだが、乗組員に追い詰められて海に飛び込んだ。

マルタの国旗を掲げた貨物船パナギア号が、二〇〇四年一二月二九日、チッタゴンの沖を航行していた。日が暮れると明かりを消したボートが突然、現れた。八人の海賊が乗り移ってきて、後方の大箱のロックを壊し、そのなかにあった機器を盗んだ。乗組員たちが集まってきて、投光器のスイッチを入れた。海賊どもは逃げ出した。この同じ貨物船は、そのときは失敗したのだが、すでにこの年のはじめにいちど襲われていた。そのことはのちに述べる。

犯罪のシリーズは二〇〇五年もつづく。一月六日になると幅広短剣をもった一〇人の泥棒たちが、チッタゴンの広大な錨泊地の中を進んでいたパナマ船籍のプロダクトタンカー・ビクトリア一号を襲撃した。アラームが鳴り、乗組員がやってきて消火ホースが放列を敷いた。ごろつきたちは乗ってきたスピードボートに飛び乗って、なんとか奪った獲物をつかんで逃げ去った。毎月毎月、細かい点は違うがほぼ似たような襲撃がつづく。犠牲になったのは、二月二日、シンガポールのケミカルタンカー・ドラゴナリア号である。海賊はその船から明かりをまったく消した一隻のボートに乗って逃走した。それから二週間後に、もう一つ別のケミカルタンカー・MMMヒューストン号の船上で当直の船員が短刀の切っ先で脅された。警報が鳴って盗難被害は最小で済んだ。オランダの貨物船マリッサグリーン号の船上では、泥棒たちと戦うために船員は警報を鳴らし、サイレンを始動させ、放水を浴びせた。しかし、男たちは、それでもいくつかのものを盗んでから逃げ去った。翌日の夜一一時、バハマ諸島の国旗を掲げたケミカルタンカー・ゴルフノマッド号は二度の襲撃に遭った。この船が停泊しようとしていたとき、二艘のボートがそれぞれに一〇人を乗せてやってきた。そのうちの二人が船尾から乗り込んで、盗みに成功し、乗組員が駆けつけたときには逃げ去ったあとだった。しかし、四五分ほど経って、船員たちがもうこれで終わったと思っていたところに、さきほどの一〇人がまた攻撃してきた。船尾から乗船して手当たり次第に奪っていった。

二〇〇六年二月一九日、貨物船ゲルマニア号のすぐ近くに来た五人の現地人が、エンジンの調子がおかしいと言う。突然、彼らは四爪錨を船尾に投げ込み、船をよじ登ってきた。棍棒だけをもって連中は当直の船員を脅して盗みをした。それから三週間後、三月五日、停船中のコンテナ船に四艘の舟が接近した。彼らのうち二人が左舷から、残りは船尾から乗り込んだ。泥棒たちは見張りの船員たちを襲い、貯蔵室のロックを壊そうとした。乗組員たちが集まってきて、不法侵入者たちを退散させた。三月八日、連中は幅広短剣で武装した三人で、真夜中にマルタのばら積み貨物船アキシオン号に忍び込んだ。彼らは盗みをはじめたが、当直の船員が警報を鳴らした。コソ泥たちは船縁から飛び降りて、八人の仲間が待つボートに飛び乗った。沿岸警備隊に届け出たあとで、盗まれた物品は回収された。

キプロスのコンテナ船アンビシャスF号は、三月一七日、チッタゴンの停泊区域でまさに投錨しようとしていた。そのとき四艘の舟が横付けになった。幅広短剣をもった海賊たちが乗り込んできて略奪に及んだ。乗組員たちが来て追い払った。同じやり方で、三月二四日に貨物船シーマスターワン号で盗難があった。

一〇人の悪人どもが、五月五日、コンテナ船X－プレスマナスル号に四爪錨を使って乗り込んできたが、乗組員が彼らを退散させた。それから四日後に、またその一〇人が山刀で武装して、リベリア船籍のばら積み貨物船ファルコントレーダー号で運だめしをした。二人の夜警と一人の船員から金目のものを奪い、それからボートに乗って逃げた。五月一〇日に船に乗り込もうとした連中は、乗組員によって阻止された。事件はつづき、五月一二日に貨物船アリソンエユラナス号でも盗難があった。どちらの船もチッタゴンのB投錨区に停泊していた。

もっと奇抜なのは、七月二五日にチッタゴンで夜中にばら積み貨物船ダリヤタアル号に横付けした強盗たちの行為である。彼らは鉄棒を使って船の電池の亜鉛の電極を引き抜いた。乗組員たちが抵抗すると、強盗たちは自分たちの逃亡を助けるために砂利をまき散らした。一〇日ほど前にも、この同じ貨物船は盗難に遭っていた。当直の船員がナイフの切っ先で脅されている間に、四人の悪者どもが収納庫の扉を壊したのだ。

二〇〇五年の最後の数カ月間に、数件のコソ泥が四隻の別の商船で発生した。少なくとも二度にわたって、襲撃者たちは最初のボートでやってきて乗組員たちの注意を引いて、二番目のボートが反対側の船縁に接近するのである。

オイルタンカーの船長ベルトラン・デレヌは、ある船が経験したとんでもない驚くべき出来事について話してくれた。その船は、接岸のため錨泊地で待機していた。武器はもたないぼろをまとった数人の海賊が、モーターボートでやってきた。連中はじつに巧みに四爪錨を船の前部に投げて引っかけ、スルスルともの凄い速さで船に乗り込んでから、甲板にすでに用意されていた何本かの係船用の大索に一本のロープをつないだ。それから自分たちのボートに戻り、さきほどつないだ三、四本の大索を曳いて高速で遠ざかっていった。この船が接岸したとき、法規に決められた数の係船用大索は所持していなかった。すると、そこの港湾公安官が、船長に中古の大索を法外な高値で売りつけてきた。それは、前夜に盗まれた自分の船のものだった。

一つの例外を除けば、悪者どもは銃をもっていなかった。彼らは幅広短剣、さらには簡単な棒きれしかもっていない。大部分は不器用な素人たちにすぎない。連中はしばしば、泥棒を働こうと思った船によじ登ろうとして一、二時間も必死になってかじりつく。コンテナ船ウエスタンスター号のケースでは、二〇〇六年四月三日から一九日の間に三度も襲われたが、警報を受けた乗組員たちが甲板への侵入をすべて阻止した。

チッタゴン港は残念な記録をもつ港であると言えるが、バングラデシュで船舶が安全ではないのはここだけではない。二〇〇四年一月一日、数人の海賊がある船の一〇人の船員を捕らえ、解放のための身代金を要求した。これは本物の恐喝であった。二日後に一隻の船がチッタゴン港の前を航行していた。その船の乗客は恐喝に遭っていた船員たちだったが、要求されたカネの支払いを拒否した。その結果、彼らは傷つけられた。一月一一日、現地の貨物船ダーバーシャリフ号が航行していたとき、二人の船員が誘拐された。一月二九日、悲劇が発生。襲撃者たちは漁船に乗り込み、船を転覆させた。死者一人、行方不明者五人が出た。二〇〇四年三月二二日、一隻のトロール船が航行していた。船は海賊たちにハイジャックされたが、のちに彼らは逮捕された。トロール船もあとで回収された。

五隻のトロール船が、二〇〇五年八月九日、クトゥブディア島〔チッタゴンの南側〕の沖合を航行していたケアプレイ一四号とそれが曳航するケミカルタンカー・ラドワン号を取り囲んだ。沿岸警備艦がタグボートから送られた救援要請を受けて、トロール船とその乗組員たちを捕らえ、盗まれた機器などを回収した。

二〇〇四年の最も悲劇的な事件が一月一九日に起こった。七隻のトロール船がベンガル湾のパターグハタ〔チッタゴンの西側、ガンジス河口デルタの街〕の南側に集まって停泊していた。何艘かのスピードボートに乗ってやってきた海賊たちはトロール船に乗り込み、船員である漁師たちを震え上がらせ、現金や金目のものを盗み、船員を六人人質にし、トロール船二隻を奪った。船員二〇名が傷を負い、うち六名は入院しなければならなかった。

悲劇的だと思われるこの結果は、しかし事態の好転を示している。二〇〇四年には船舶は一七回の襲撃しか受けていない。これに対して、前年には、海賊行為は五八回に達していた。このように安全性が改善したのは、現地当局の大きな努力によるものである。海上警察は巡回を大幅に増やし、海賊たちへの追及の手を緩めず、そして数々の政治的・経済的条件が犯罪の減少に貢献しているのである。

重大な犯罪の減少も、乗組員たちが脅迫や恐怖に負けず、活発に対応した成果である。マルタの貨物船パナギアI号の船上では、ほんものの対海賊特別攻撃隊が結成され、訓練を受けた。二〇〇四年一月一七日、この船はチッタゴンの前に停泊していた。午後九時に短剣で武装した四人の海賊が船尾からよじ登った。船員たちの活躍で、彼らは手ぶらで退散せざるを得なかった。しかし、そうだからといって、この同じ貨物船が同じ年のおわりに盗難の被害に遭うことを避けることはできなかった。七月四日、パナマのコンテナ運搬船、オリエントウィズダム号はチッタゴン港に投錨していた。全部で一〇人の泥棒が、全長二〇メートルの舟でやってきて、連中は見張りの男を短刀で脅して船に乗り込んだ。勇敢にもその船員は警報を鳴らした。乗組員たちが来て侵入者たちを追い払い、連中はまったくなんにも盗らずに逃げ去ったのだ。二〇〇五年にはいくつかの襲撃が失敗に終わっている。例えば、八月二五日、ホンジュラス船籍の貨物船ユージェニア号の船員たちによって、また九月二〇日にはケミカルタンカー・シアムブハバス号の船員たちによって。さらに九月二八日には、真夜中に、竹竿と四爪錨を使ってイランの貨物船イランコラハドーズ号に乗り込もうとした、山刀をもった一〇人の泥棒を、この船の船員たちが最後には追い払った。

インドは数十年をかけて経済革命を成功させた。この国は現在ではすでにコメとムギの輸出国である。インドのエレクトロニクス技術者は、非常に高い評価を受けている。しかしながら、社会的諸条件の大幅な格差が存在する。かつてこの国を覆っていたような貧困は事実上なくなったが、しかしまだ数百万人の貧困者がいる。

したがって、インドを取り巻く海もまた、与太者や腹を空かせた貧乏人たちからの襲撃から免れることはない。バングラデシュでと同様に、彼らはほとんどの場合武器をもっていないし、その襲撃もときには失敗する。ただし、いくつかの例外はある。

ティルバナンタプラム〔インド南西部ケララ州の州都〕の沖で、二〇〇四年四月二日、バヌアツに登録されている補給船シルビアタイド号は、だれも乗船していない一隻の舟を曳航していたが、六艘の漁船でやってきた海賊たちに乗り込まれた。タグ船の船長は警報を鳴らし、IMBに通報した。IMBはその情報をインドの沿岸警備隊に伝えた。沿岸警備隊は、巡視艇一隻と飛行機一機を派遣したが、すでに泥棒たちは、曳かれていた船から盗んだものをもって逃げ去ったあとだった。

同じような筋書きがそれから三日後にもあった。インドのケミカルタンカー・スピックエメラルド号が乗組員のいない船を曳いていた。その船に、八艘の舟でやってきた悪漢たちが乗り込んで盗みを働き、三五分後に消え失せた。午前四時三五分のことだったが、沿岸警備機が飛来したのはやっと午前一一時だった。

武装集団から完全に目をつけられた同じケミカルタンカーが、四月一五日にまた標的になった。悪者どもは、こんどは三艘の舟で来て、曳航されていた石油タンカーに乗り込み、盗んだ。通報を受けたIMBの海賊対策センターはインド沿岸警備隊に連絡した。飛行機は襲撃した連中の乗った舟の一つを見つけた。警備艇がその舟を臨検して九人の海賊が警察に引き渡された。
シンガポールのコンテナ船タイガーアロー号はニューマンガロール〔インド南西部、アラビア海沿岸の中港湾都市〕港の第一ポスト（停泊位置）に投錨していた。二〇〇四年一一月一九日午前五時三〇分、泥棒どもが船内に入りこみちょっとしたものを盗んで逃げた。連絡を受けた警察は犯人を捕まえ、盗品は取り戻された。

カンドゥラ港〔インド北西部、アラビア海カッチ湾にあるインド有数の貨物取扱港〕では、チッタゴンのように、悪者たちの一味がのさばっている。多くの盗難が停泊中の船舶で起こっている。二〇〇四年一一月二三日、リベリア船籍のLNG（液化天然ガス）タンカー・ナビガトーレサターン号の船上で。一二月二七日、パナマの貨物船サカーI号で。翌年のはじめ、二〇〇五年一月二日、アンティグア・バーブーダ国籍の貨物船アファ号で。それから一カ月後、マルタのばら積み貨物船セルティック号でも。

二〇〇四年一二月一日、インドの石油タンカー・ナイクジャドゥナスシン号は、コチ〔旧名コーチン。インド・ケララ州の港〕の石油ターミナルに停泊中にナイフで武装した男たちに襲われた。

なんども繰り返し、ほとんど武器をもたない、危険な海賊というよりもむしろコソ泥の類が、懸命に戦う乗組員の力で追い払われている。これは二〇〇四年四月七日に起こったことだが、マルタ船籍のオイルタンカー・シンバ号がチェンナイ〔旧名マドラス。ベンガル湾に面するインドで五番目の都市〕港に投錨していたときのことだ。早朝六時ちょっとまえに、幅広短剣をもった男たちが錨鎖をよじ登ってきた。当直の船員が連中を見つけて、消火ホースのノズルをつないだ。強盗たちはこの船員を短剣で脅したが、船員は警報を鳴らした。これで乗組員がやって来たので、泥棒たちはほとんどなにも盗らずに逃げ出さざるを得なくなった。緑色のボートに乗って逃げたが、船長が撮ったその写真は現地警察に渡された。

同じくチェンナイ港で、二〇〇五年五月二五日、スリランカのコンテナ船ルフヌプラ号が海賊に乗り込まれた。そして翌日もタイガークラウド号がやられたが、乗組員たちの迅速な対応で泥棒たちを手ぶらで追い返した。船に乗り込もうとした盗賊による被害をルフヌプラ号の乗組員たちは港湾当局に通報したので、沿岸警備隊は一隻の船を派遣した。泥棒たちは逃げようとしたが捕まった。山刀や短刀での抵抗もむなしく、彼らは現地の警察に引き渡された。LNGタンカー・モンタナスター号は、カンドゥラ港のオイルタンカー用第四ポストに係留されていたが、ペンキ入れの大箱のロックを壊そうとしていた泥棒たちを同じく追い返した。同じ港に停泊していた貨物船シンユアンメン号は、船の前部からよじ登って、バールで武装した八人の男の訪問を受けた。二〇〇五年一月二九日、夜中の二時のことだった。当直の船員は警報を鳴らし、襲撃者たちは諦めるのが得策だと思ったのか、自分たちが乗り込むときに使ったロープを滑り降りて逃げていった。

二〇〇五年二月二二日、バハマ諸島のタグボート・スミットルゾン号は海洋クレーン船を曳航していた。二艘の漁船が横付けになり四人の男が乗り込んできて甲板にあるものを盗みはじめた。しかし、乗組員が大勢やって来たので、戦利品なくふたたび自分たちの舟に乗って帰っていった。

海賊行為を試みて失敗した例は、チェンナイ港に二〇〇五年五月一〇日に停泊していたインドのコンテナ船クリパ号でも、ムンバイの石油ターミナルに停泊していたオイルタンカー・オノゾ号でも、母港のブイに係留されていたばら積み貨物船ジェムオブエノーレ号でも、九月一三日にチェンナイ港に投錨していたオイルタンカー・ジャグパラグ号でも、一〇月一一日にカンドゥラに停泊したマルタの貨物船ジョイントグレース号でも、一〇月五日にチェンナイ港でのオイルタンカー・ラマン号でもあった。ほんのいくつかのコソ泥が成功した。

インド亜大陸の海上で暴れ回る悪ガキども、連中の多くについては、子供だましの武器をもつ極貧の輩で、見つかるとすぐに逃げ出すようなコソ泥であることがわかる。

二〇〇六年二月二六日に活動したインドの海賊の一味についてはそれとはまったく別の連中だった。彼らはスンダルバン〔バングラデシュ南西部の湿地帯〕の前に停泊していた二〇隻のトロール船を襲った。三〇人の漁師の船員が怪我をして、うち一人は死亡した。

海賊行為と戦う国際諸機関は、ベンガル湾沿岸諸国の責任を強調する。事実、インドはこの地域の戦艦では最強の艦隊を保有している。インドとバングラデシュの沿岸警備艦は共同演習を行っている。

アメリカは、この地域での海賊行為とテロとの区別は非常に難しいと考えている。アメリカは、テロリストの奇襲部隊がオイルタンカーをハイジャックして、九月一一日の事件と同じように、アメリカの利益に反するテロ行為を起こすことを怖れている。引火性の製品を積んだ船が石油ターミナルや大きな港に投げ込まれ、大規模な火災と爆発がつぎつぎに起こり、重油で汚染された海が広範囲に広がることが想像される。マラッカ海峡と同様に、バングラデシュやインドでも安全性の諸条件は改善されつつある。しかし、その西側の海域では事態はまったく別の方向に進んでいるのだ。

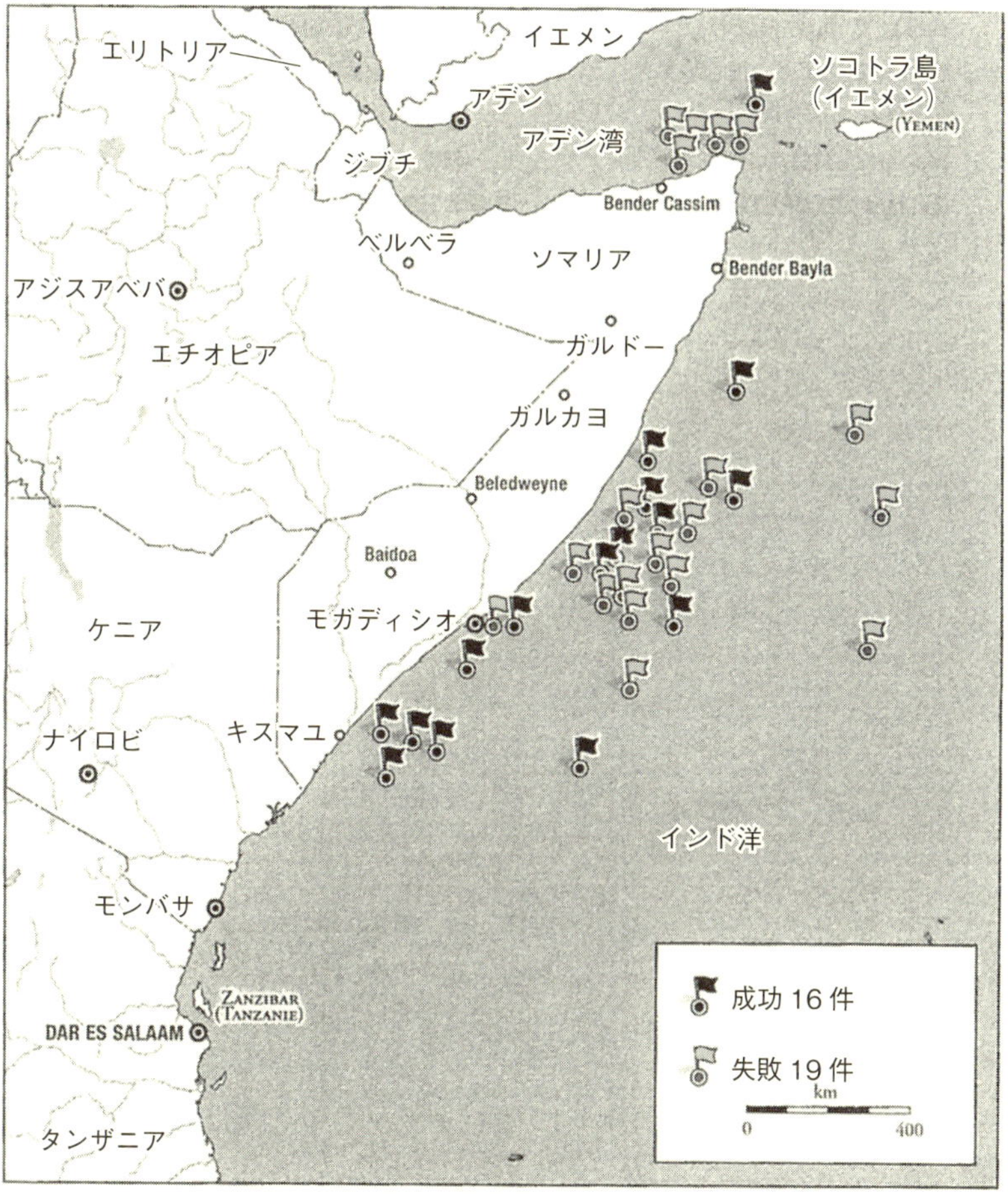

ソマリアとイエメンで 2005 年に起きた海賊行為

6 ソマリア、アデン湾──無政府状態と伝統

《ソマリアは悪夢だった》――これは保険業者たちが発した忌憚（きたん）のない意見だ。一九九一年以来、そして独裁者モハメド・シアド・バールの追放以後、無政府状態と市民戦争がこの国を支配しているのだ。二五年間に組織された政権グループは一五を下らない。イスラム原理主義勢力《イスラム法廷会議》は、二〇〇四年に国連が設置した暫定政府を追い出し、アメリカが密かに支援している地方の首長たちの影響力を抑えて、この国を征服しようとしている。国内での戦闘とそれが引き起こす無政府状態が、海賊とテロリストの暗黙の共闘を生んだ原因である。ソマリアの沿岸地帯は、世界で最も危険な場所の一つである。船舶はここで深刻なリスクに遭遇する。船内に乗り込み巨額の身代金を要求するのは、しばしば反乱武装集団が必要とする軍事用武器購入の目的のためである。東南アジアでの海賊行為は後退しつつあるのに、ここソマリアでは、二〇〇四年に一二件の略奪行為が、二〇〇五年には四九件へと拡大している。

略奪者たちは《母船》の上から船をじっと窺っていて、そこからスピードボートで出かけていく。したがって、船が海岸から十分に離れて航行していても、安全は保障されない。そのうえ、海賊たちはすぐに武器を使ってくるし、それに何事にもまったく敬意を払わないのだ。

政治的混乱で飢餓状態にある人びとを救援するために、国連とNGOは世界食糧計画（WFP）を組織している。その計画を実施するための、主に食糧を積んだ貨物船の一隻が、イエメンを出てソマリア南部のエルマアン港〔首都モガディシュに近い港〕に向かっていたが、モガディシュから約六〇マイルの海上で襲撃された。一五人の海賊どもが二隻のスピードボートで到着し、停船を命じ、それから船長に命じて海岸から近い場所に投錨させた。二一名の乗組員は下船させられ、ある村に連れていかれ、そこで人質にされた。

二〇〇五年三月一六日、タイの漁船シリチャイナバ号が真夜中の四時ごろに三人の海賊に乗り込まれ、ハイジャックされた船は海岸に向けて航行させられた。二六人の漁師が捕らわれて身代金が要求された。IMBの海賊対策センターは通報を受けて、インド洋を航行していた戦艦の一隻を急派した。タイの漁船は回収され、船員たちは解放され、三人の海賊が逮捕された。

パナマ船籍の液化ガスタンカー・ファイスティガス号はソマリア沖を航行していたが、二〇〇五年四月一〇日真っ昼間に、武器を携えた海賊に襲われ、船を乗っ取られ、一七人の乗組員が人質になった。船は海岸近くに投錨させられた。タンカーと乗組員たちは身代金を支払ったのちにやっと自由を取り戻した。

同じ日にそこから二〇〇マイルほど北に寄った海で、略奪の犠牲になったのはキプロスのばら積み貨物船ティムバック号であった。沖合六〇マイルを航行していたところ、八人の海賊が二隻のスピードボートに乗って、自動小銃と手投げ弾で武装し、攻撃してきた。船長は船を操縦して彼らから逃れようと速度を上げ、サイレンを鳴らしつづけた。船員たちは船のドアを閉め切って、船体上部に身を隠していた。二発の手投げ弾が炸裂し、救命ボートに火が付いた。海賊たちは、水先案内人用の縄ばしごをよじ登ってきた。発砲してきたが、彼らは船楼〔船の上甲板上の構造物〕に入ることはできなかった。連中はついに諦めた。この戦闘は一時間以上もつづいた。ボート一隻が火災で破壊された。船体上部と船長のキャビンの舷窓に数発の弾痕が残っていた。幸いにも、船員は一人も傷を負わなかった。

セントクリストファー・ネビスの国旗を掲げた貨物船リーフマリンディ号は、五月二二日、ティムバック号が襲われた位置からごく近い場所にいた。海賊たちに乗り込まれ、船とその乗組員は六週間のあいだ人質にされていた。やっと交渉がまとまり、貨物船と乗組員が自由を取り戻したのは七月二日になってからであった。

六月六日のこと、自動小銃をもった三人の海賊が白いスピードボートでやって来て、銃撃して貨物船ティグリス号に乗り込んだ。船長がSOS信号を出した。近くにいたアメリカの戦艦USSゴンザレス号がそれを受信した。戦艦は襲撃された船に向けて進路をとり、パラシュートロケット弾を発射し、投光器で照らし、ティグリス号をソマリア領海の外へ護送した。乗組員たちは恐怖心から救われ、海賊たちの発砲で船の右舷に開いた一〇カ所の穴からも解放された。

奇想天外な連続ドラマが、つぎつぎに起こる信じられないような出来事とともに二〇〇五年の後半に起こった。最初の主役は、たまたま通りかかったセムロー号だった。この貨物船はセントビンセント・グレナディーンの船籍で、ケニアの会社に所属している。船は、ソマリアへの食糧援助に向けられる八三〇トンのコメを積んでいた。六月二六日、北緯四度四七分、東経四八度一二分のところで海賊に乗り込まれた。一〇人の船員が人質に取られ、襲撃した連中は五〇万ドルの身代金を要求してきた。船の所有者は救援を求めないと伝えていたが、海賊対策機関は、すぐ近くに待機して監視させるためにアメリカの戦艦USSフィリピン号を派遣した。さまざまな情報から判断すると、もう一つ別の事件との類似点が明らかになった。つまり、前述のファイスティガス号の事件である。停泊場所も同じで、仲介者の電話番号も同じであった。以上のことから、この襲撃もすでに四月に活発に動いていた海賊の一味が関わっていたものと思われる。

七月四日、USSフィリピン号による監視では新たな事態はまったく発見できなかった。ただし、セムロー号のすぐ近くで数隻の小舟が動き回るのがヘリコプターのレーダーで検出された。法律上は、アメリカの戦艦はソマリア領海に侵入することはできない。七月六日、セムロー号を所有するモタク船会社は、ソマリア暫定政府に連絡を取るためにWFPに支援を求めた。

二〇〇五年九月二二日、用心して沖合六〇マイルを航行していた貨物船が、二隻の高速ボートに乗ってきた強力な武器を備えた一五人の海賊に乗り込まれた。船長はエイル地方〔ソマリア沖海賊の基地。中部ムドゥグ地方と並ぶ二大拠点の一つで北東部のプントランドにある〕の海岸近くに船を停めるよう命じられた。二一名の乗組員は人質にされ、近くの村落に連れていかれた。投錨地点が違うので、同じ一味の仕業ではないように思われる。

新たな突発事件が発生した。九月二八日、人質を取った海賊どもは、セムロー号を利用して、エルマアン港から出発して、別の船舶イブンバツータ号を襲ったことを人びとは知った。襲われた船はエジプトからモガディシュまでセメントを運んでいた。二隻の船はソマリア海岸のすぐ近くに停泊していたのだ。一〇月三日、米戦艦ラファイエット号のヘリコプターが二隻の船舶の位置をとらえた。二隻は、モガディシュの北一二〇マイルのソマリア領海を、二ノットの速度で南に向けて航行していた。

一〇月九日、もう一隻の別の船トージロー号が、ケニア人九人とスリランカ人一人の乗組員を乗せてエルマアン港に向けて航行していた。船は、セムロー号のための燃料油と食糧を運搬していた。セムロー号はすこし前に解放されたばかりだった。こんどはトージロー号がハイジャックされた。海賊どもは、積み荷の所有者たちとコンタクトをとった。

さらに深刻なのは、同年一〇月二〇日に起こったサンカルロ号のハイジャックである。一一月一七日、サンカル号は武器を十分にもった約三〇人の海賊たちを乗せてふたたび海に出た。人質を取った海賊どもは、アラブ首長国連邦とサウジアラビアの通信員たちと連絡を取っていたのだろう。交渉人への支払い分五万ドルを含む六〇万ドルの身代金の支払いは行われ、海賊どもはサンカルロ号を去った。USSゴンザレス号が、解放の翌日、海賊は一人も船内にいないことを確認した。

二〇〇五年一〇月一八日、クアラルンプールの海賊情報センターはパナギア号から発信された救援要請信号を受け取った。この船はたぶん、その前年にバングラデシュでの二度にわたる襲撃の犠牲になった船であろうと思われた。パナギア号は、針路を北北西に向けて、二二人の乗組員を乗せて航行していた。そのとき、船は数隻のスピードボートの襲撃を受けた。ハイジャックされたパナギア号はソマリア領海に停泊していた。一一月二〇日、パナギア号はたぶん自らとトージロー号用の淡水を作るために数時間移動していたのだろう。それから停船場所にもどった。監視装置が船の船倉部分に火災を見つけた。乗組員が故意に起こしたと思われる災害であった。一一月七日にハラルデーレ〔ソマリア中部ムドゥグ地方の町。最近ではソマリア海賊の基地として悪名高い〕から一八マイルのところを航行中のリームソングローリー号が襲われた。

一二月二八日、トージロー号は、針路を南西に向けてゆっくりと進み、ソマリア領海に位置していた。船はアメリカの戦艦ラファイエット号に密かに尾行され、つぎにマエストラル号に引き継がれた。何度かの交渉が、積み荷の持ち主との間で行われたものと思われる。翌日、トージロー号はリームソングローリー号のすぐそばに投錨した。そこはサンカルロ号が以前に停泊していたのと同じ場所であった。乗っ取り犯たちは、職員や水、食糧を備えた基地の施設を持つ組織をつくっていたのだ。さらに、パナギア号とリームソングローリー号のための交渉を進めたのは同じ仲介人であった。リームソングローリー号については、六〇万ドルの身代金は最終的には三〇万ドルに引き下げられた。その結果、リームソングローリー号は解放され、イエメンに積み荷を降ろしに行くことができた。ヘリコプターで船に戻ったマエストラル号の乗組員は、人質を取った海賊の貴重な情報、とくに密かに撮影した写真を持ち帰った。パナギア号については、行われた交渉はすぐにまとまるところまでいっていた。身代金の金額は三〇万ドルで合意すると思われた。しかし、誘拐犯たちはサンカルロ号で支払われた金額を知ったので、交渉は中断された。三〇万ドルと四〇万ドルの間の金額で妥協した。一一月二二日、上空を飛行したところ、パナギア号の火事はまだ収まっていなかった。強盗たちは早くけりをつけたいと考えていたようだが、ソマリアのいくつもの銀行に振り込まれたカネの回収が難しいことがわかり、現地の実業家がカネを集める仕事を引き受けた。パナギア号は五カ月間拘束されたのち、最終的には一一月二七日に自由を取り戻した。

トージロー号の乗組員は冷静さを失っていなかった。二〇〇六年五月二五日になって、彼らはモガディシュから一〇マイルほどのところにいた。甲板士が書き留めたところでは、夜になって約一マイル半のところにレーダーの反応があった。彼は甲板にいた武器をもった二人の夜警にそれを知らせた。一時間後に、彼は後方から近づく一隻のスピードボートに気づいた。乗っている連中が銃を撃ち始めた。夜警がそれに応じたので、攻撃した連中は去っていった。

これらすべての船舶の不運な出来事で、戦艦、船主、保険業者などは何カ月にもわたって大変な騒ぎだった。ときには数カ月間捕らわれたままで過ごしたこともあったが、それでも無事で元気で抜け出すことができたのは奇跡的であった。数隻の貨物船は、数十万ドルのカネと引き替えにやっと解放されたが、こうしたカネはたぶん攻撃用の銃やロケットランチャーに姿を変えたことだろう。

二〇〇五年一一月五日、一つの襲撃が大殺戮になる危険性があった。アメリカの大型客船シーボーンスピリット号がソマリアの沖合六〇マイルを通過していた。客船には、二〇八人の乗客と一六一人の乗組員が乗っていた。そのとき、ロケット砲で武装した海賊どもに襲われた。船長は強力な音響信号（長距離音響装置）を作動させた。シーボーンスピリット号を操縦して、スピードボートの一つに船の先端の衝角で体当たりを食わせた。発射されたロケットが船に届き、船員一人が軽い怪我を負った。しかし、激しい抵抗は海賊たちに襲撃を断念させたのだ。

国連にチャーターされた貨物船ミツゾウ号が、ソマリア向けの食糧援助を運んでいた。二〇〇五年一〇月一二日、モガディシュの南五〇マイルの所で貨物船は銃を持った六人の海賊に捕まった。身代金を要求されて、どこか知らない場所に連れていかれた。二〇〇五年一二月七日、貨物船ジュリア五四号も身代金の要求をともなうハイジャックに遭った。

二〇〇六年も犯罪行為はつづいた。人道援助のために国連にチャーターされたローゼン号は、積み荷を降ろして、三月一三日、ケニアに向けて航行していたとき、自動小銃とロケットランチャーをもった五人の海賊に襲われた。銃弾が甲板上の船室、船橋、救命ボートなどに当たったが、乗組員たちは船の速度を上げて海賊たちのボートを引き離し、ついに襲撃をかわした。

三月二九日、パナマ船籍の石油タンカー・リン一号は、ソマリア首都の北一五〇キロのエルアデ港で積み荷を引き渡してすぐのときであった。真っ昼間にモガディシュの沖で、二艘のスピードボートに乗った、AK–47小銃で武装した連中一二人に乗り込まれた。一九人の乗組員たちは命令されて、ハラルデーレの沖合二マイルの場所へと船を運んだ。人質を取った彼らは、船主に連絡を取り身代金の支払いを求めた。四月四日、こんどは韓国の漁船ドンウォン号が二五人の乗組員とともにハイジャックされ、船は海岸に連れていかれた。それから、海賊たちは船主と交渉を試みた。三週間経った四月二七日、アラブ首長国連邦のアルタジ号に、海賊たちはその凶暴な姿を見せた。彼らは乗組員を脅してその貨物船をハラルデーレに連れていき、船員一人を殺し、二人に重傷を負わせた。アルタジ号は身代金を払ってから解放され、ドンウォン号の漁師たちは三カ月以上もの間、捕虜になっていた。

海賊たちの企てがすべて成功するわけではない。すでに見たようにシーボーンスピリット号は襲撃を失敗に終わらせた。同じく二〇〇五年三月一五日、襲撃した連中は失敗した。パナマの貨物船オノールペスカドレス号は銃撃する悪者たちに襲われた。船は抑止する行動をとり、速度を上げ、巧みに船を操った。放水銃を並べて噴射した。三〇分後に海賊どもはついに諦めた。二〇〇五年の後半だけで、乗組員の働きで失敗に終わらせた海賊行為は一〇回以上になる。

《不朽の自由作戦》〔二〇〇一年九月一一日の同時多発テロへの報復としてアメリカをはじめとする西側諸国がアフガニスタンなどに対して行った武力攻撃のこと〕に参加していた西欧の艦隊が、海賊との戦いに一役買った。二〇〇六年三月一八日、アメリカの巡洋艦ケープセントジョージ号と駆逐艦USSゴンザレス号は、オランダの指揮下にある艦隊に所属していた。二隻の戦艦がパトロールしていたとき、数艘のボートを曳航する一〇メートルの長さの漁船を見かけた。乗船していた現地人たちが擲弾発射筒を所持しているように見えたので、二隻の戦艦はこれらの船の航行を阻止する準備をした。ソマリア人たちは銃撃してきた。アメリカの水兵たちが応戦して、海賊一人を殺し、五人に傷を負わせた。一二人ほどの容疑者が逮捕された。

フランス海軍も同じく貢献した。34F小船団のヘリコプター・リンクス号が、ソマリア領海の監視のためにオランダの石油補給タンカーに積み込まれた。二〇〇六年一月二一日、フランスのフリゲート艦クルベ号はソマリア沖にいたが、遭難信号を傍受した。信号はトルコのばら積み貨物船オスマンメテ号から出されたものだった。貨物船の信号は、一隻のスピードボートに襲われ、海賊どもは自動小銃とロケットランチャーを備えていると伝えていた。クルベ号は襲撃された船の方角に針路を向けて、ヘリコプターを先行させた。このため、海賊どもは退散した。

一筋の希望の光が二〇〇六年夏に訪れた。イスラム法廷会議のイスラム勢力が海賊追放に立ち上がったのだ。この決定は、彼らの指導者でソマリア・イスラム最高会議議長のハサン・ダーヒル・アウェイス師が下したものだ。ル・モンド紙のナイロビ特派員ジャン＝フィリップ・レミが明らかにしているところでは、数百人の男たちが、戦うことなくモガディシュの北約五〇〇キロの沿岸の町ホビオに入った。この港はソマリア海賊の主要な拠点の一つと考えられていた。その数日前に、民兵がもう一つの場所、《ソマリア領海を守る人たち》の名の下に集合して、海賊たちの基地であったハラ

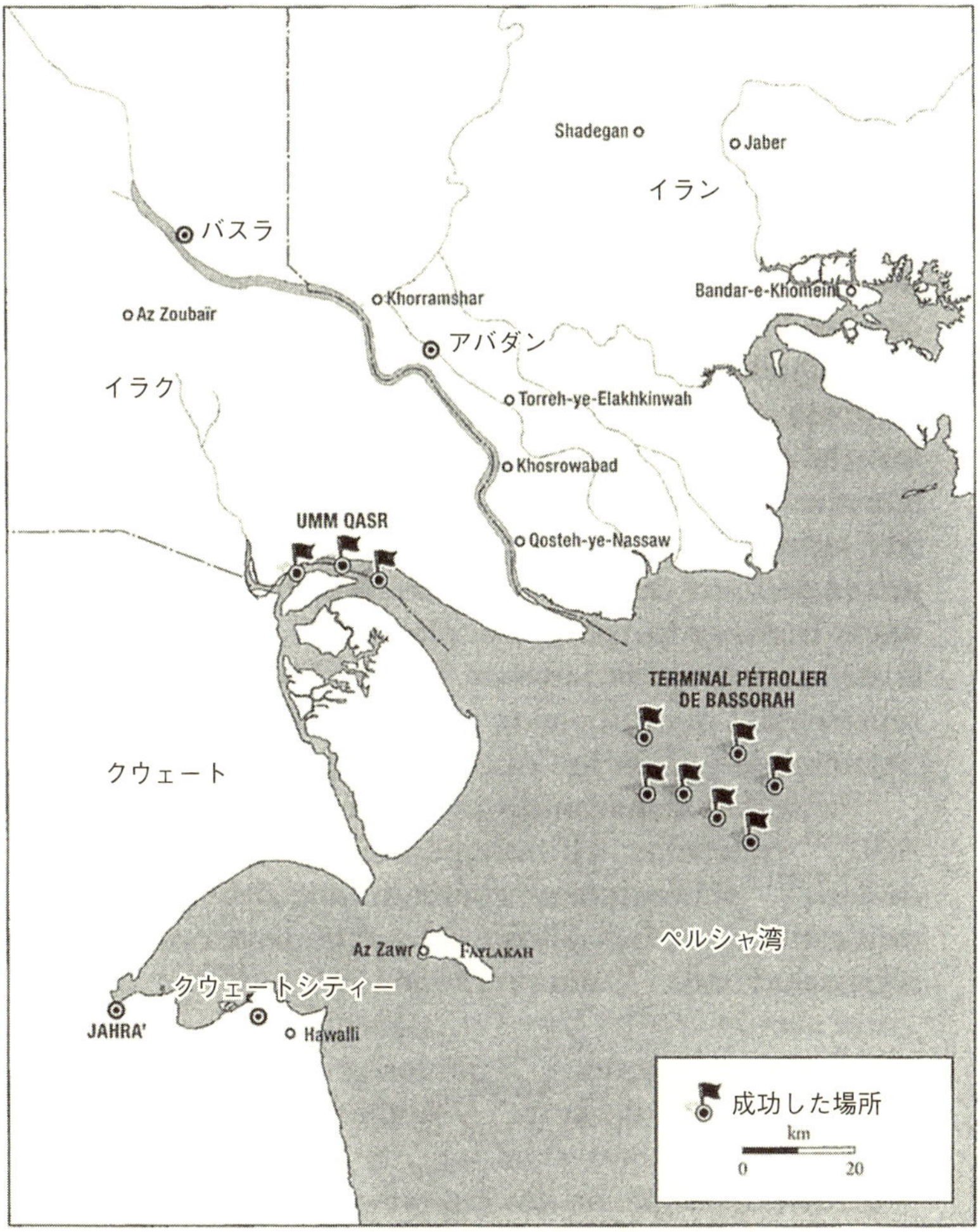

2005年にイラク領海で起きた海賊行為

ルデーレを支配下に置いた。この攻勢を前にして、海賊たちは戦わずに引き下がるほうが上策だと考えた。したがって、海賊たちは二カ所のとりわけ重要な基地を失った。この国の新たな実力者たちは、海賊行為を全面的になくしたいという強い気持ちを公言している。アーメド・ヒルシ師はハラルデーレにおけるイスラム法廷会議の代表者だが、以下のことを確認した。すなわち、「コーランが予言しているように、この地域で海賊行為を行おうとするすべての者に、我々は地獄の苦しみを与える」。しかし、この国の南部や独立を自ら宣言したプントランド地方でも、三三〇〇キロの海岸線に沿って海賊行為が日常茶飯事に行われる伝統が残っているのだ。

たとえそのリスクが少なくなっても、ペルシャ湾とアラビア海の水域では十分用心しなければならない。

アラブ首長国連邦の漁船ビクトリアスR一五一号は、二〇〇四年六月二〇日、北緯二六度、東経五五度のサレの天然ガス・プラットフォーム〔アラブ首長国連邦ラスアルハイマの沖合四二キロの海上にあるオフショア天然ガス・コンデンセート田〕の沖で襲撃された。海賊五人が漁船に乗り込み、船を盗み、乗組員を無人のプラットフォームに放置した。乗組員たちはそこで一晩過ごし、翌日になってから救助された。

パナマのケミカルタンカー・グローリアⅢ号は、二〇〇四年九月二六日、イラクのコールアルズベールの投錨地に停船していた。自動小銃をもった四人の泥棒が夜明けに船上によじ登ってきて盗みを働いた。

二〇〇五年四月二二日、マルタのばら積み貨物船スター二〇〇〇号はイラクのウムカスル〔バスラ港に次ぐイラク第二の港〕の投錨水域にいた。午前零時ちょっと前に三人の強盗が四爪錨とロープを使って船に乗り込んだ。彼らは銃と短刀を振りかざし、数人の船員を人質にとり、ぶん殴り、カネを要求した。一人ひとり船員の船室に案内させ、カネと金目のものを奪った。船の金庫のカネと船長の私物を盗んだ。泥棒たちは、船長をまず船首に連れて行き、仲間の一人が待つ木製のボートに乗せた。

キプロスの石油タンカー・ノールミレニアム号は、二〇〇五年五月三一日、イラクのバソーラ石油ターミナルから一〇マイルの所の待機投錨地Aに停泊していた。午前二時三〇分、AK-47銃をもつ数人の男たちが船に乗り込んできた。警察だと言って船橋に入ろうとした。船長は、彼らが近づくのを拒絶した。連中は粗暴になり、船橋ウィングのガラス張りのパネルを壊して船橋に入ってきた。船長を襲って傷を負わせ、カネを要求した。船長のキャビンに入り金庫を見つけ、カネと私物を盗んだ。彼らは船長を甲板に引っぱっていき、逃走した。以上の行動は、はじまって一〇分しか経っていなかった。船長は海難信号を送り、石油タンカーを水深の深い投錨地Bに移動させた。それから、同盟国の船が来て捜査を行った。

それから二週間後、六月一五日、もう一つ別の石油タンカー・インドのプレムプトゥリ号が同じ石油ターミナルの投錨地Bに停泊していた。午前三時一五分、自動小銃と短刀をもった三人の泥棒が船の前部をよじ登って、当直の船員が警報を始動したのに、機材を盗んでスピードボートで逃亡した。

アメリカのタグボート・サンダー号とそのはしけ船ライトニング号が、六月三〇日、ウムカスルの前を航行していた。海賊が接近し、銃撃した。銃を突きつけ船員を脅してカネと貴重品を奪った。

スリランカの貨物船セイパイオニア号は、イラクで投錨ポストを待っていたところ、二艘の舟に乗ってきた六人の海賊が近づいてきた。彼らのうちの四人は自動小銃と幅広短剣で武装していて、船内に乗り込み、当直の船員と甲板士を人質にして、七人のその他の船員を武器で脅し、船長のキャビンに案内させた。船長は逃げ出して機械室に隠れていた。船員たちは金庫を開けるように命令されたが、だれも鍵番号を知らなかった。「それじゃこうしよう」と、海賊たちは金庫をそのまま自分たちの舟に運び、逃げ去った。

同じような盗難が、八月二二日に、カウルアブドゥアッラーのブイに停泊中のLNGタンカー・ガズチャネル号で起こった。三人の襲撃者が銃で二等航海士と船長を脅し発砲し、二人ともすんでのところで助かったが、金庫を開けさせた。二〇〇五年一〇月一八日、ウムカスルに停泊中のアメリカの貨物船オーシャンアトラス号でも船のカネが盗まれた。

リベリアのオイルタンカー・ジェンマーオナー号は、二〇〇五年一〇月三一日、アルファデバソーラの石油ターミナルに停泊していた。三人の海賊たちが船に乗り込み、二名の船員を縛り、船内に入り、三人の船員を人質に取り、船長のキャビンに向かい、階段で銃を数発撃った。連中は船長のキャビンを荒らし、船舶書類が入っている金庫を奪った。ばら積み貨物船アレクサンドリアI号は、一一月一九日にウムカスルで同じような事件の犠牲になった。海賊どもは銃で脅して、船のカネと船長の私物、二等航海士のカネを奪った。二人とも傷を負った。彼らは最後に無線電話を壊してから逃げた。

北朝鮮の貨物船グローリー号は、二〇〇六年四月三日、ペルシャ湾の北端に停泊していた。数人の強盗が四隻の舟でやってきて、船に登ろうとしたが乗組員たちに押し返され、逃げながら何発かの銃弾を撃った。それから一〇日経って、同じ投錨地で数人の泥棒がナンキン号の上で数個の金庫の錠前を壊し、盗みを働いた。

アラビア海では、二つの海賊行為が失敗した。二〇〇四年二月二九日、ノルウェーのケミカルタンカー・ボーメルクール号では、乗組員が集合して放水銃を向けて襲撃してきた連中を追い払った。

四月一八日、同じ水域でカイマン諸島に船籍のある貨物船ウィンザーキャスル号が、三艘の漁船の攻撃を受けたが、投光器を向け、VHF（超短波）で緊急信号を発信した。海賊どもは諦めた。二〇〇五年一月二日、ホルムズ海峡〔ペルシャ湾入り口の海峡〕で、シンガポールのコンテナ船メルスクメルリオン号の乗組員たちが不安に駆られたのは当然だった。なにしろ、覆面をした黒服の連中が乗った六隻の青色のスピードボートが、船の行く手を遮ったのである。船員たちは集まって、放水銃を並べて噴射した。ボートはこのコンテナ船を追いかけてきたが、ついに諦めた。同じくまた別のコンテナ船、パナマ船籍のMSCルガノ号がオマーンの沖を航行していた。白い色の四隻のスピードボートに乗ってきた覆面の男たちが船に乗り込もうとした。当直の士官が警報を鳴らした。乗組員たちが集まって、放水銃を敷いた。船長は噴射開始を命じた。海賊たちは退散した。三〇分後に、乗組員たちは、沿岸海域に六隻の別のスピードボートがいるのに気づいた。

船員たちは、アンリ・ドゥモンフレ〔一八七九〜一九七四、紅海沿岸やエチオピアなどで暮らした経験から発想を得た旅行記や冒険小説などを書いたフランスの作家。代表作は『紅海の秘密』一九三一、『海賊の遺言』一九六三など〕の話を聞くまでもなく、紅海やアデン湾では現在も海賊行為の伝統が続いていることを知っている。しかし、強盗がいつもうまくいくわけではない。二〇〇四年二月二七日、バベルマンデブ海峡〔紅海とアデン海の中間の海峡〕の交通分離対策のなかで、あるコンテナ船の船長が、夜になってからすべての明かりを消して突然現れた二隻のスピードボートの海賊行為を失敗に終わらせた。船長はコンテナ船のスピードを二五ノットに速めて照明灯をつけた。そして、襲撃しようとした連中は諦めた。二〇〇四年六月七日、香港のばら積み貨物船アストロンスピリッツ号はアデン湾を航行していた。夜になった。七時四〇分に無灯の一艘の舟が右舷から近づいた。乗組員たちが警戒態勢に入り、集合した。強盗たちはなんとか貨物船に接近しようと試みたが失敗し、ついに諦めた。ふたたび失敗の例は、二〇〇四年一〇月二八日に同じ海域で起こった。リベリア船籍のばら積み貨物船メオルデンドルフ号の乗組員は警戒態勢に入った。一八ノット以上で走る三隻のボートにはそれぞれに三人ずつが乗船して、貨物船の行く手を遮り、船に横付けしようとした。船長は船を操り、船員たちは放水銃の砲列を敷いた。襲撃した連中は逃げ去った。一二月一九日、こんどは四隻のスピードボートにそれぞれ四人の悪者たちが乗って、パナマのケミカルタンカー・ユニタンク号に挑戦してきた。船長は速度を上げ、船を巧みに操縦し、なんども方角を変えた。海賊どもは船を追ってきたが、二時間後に、もっと弱い《獲物》を求めて立ち去った。

二〇〇五年三月一五日、黄色のスピードボートが茶色の別の二隻と一緒に、それぞれ四人の海賊を乗せて、パナマの国旗を掲げるローロー船〔岸壁から車両が直接船内に走り込んで荷を積み込む方式の貨物船〕ＮＴＭシビア号に接近してきた。貨物船の乗組員は放水銃で水を噴射し、サイレンを鳴らし、周りの船に知らせた。これで海賊どもが襲撃をつづけるのを止めさせた。二〇〇五年末の数カ月間でこうした海賊行為を撃退した例がさらに四件あった。

紅海の北緯一五度一二分九秒、東経四一度五六分一〇秒の地点で、バーレーンの補給船アルゴサイビ二一号は、二〇〇四年一月三〇日、六メートルのスピードボートに追いつかれた。ボートには自動小銃をもった男八人が乗っていた。うち五人は軍服を着ていた。連中は補給船に乗り込み、停船を命じた。五人は乗組員に銃を突きつけ、通信手段を切断し、そして通行料金として身代金を要求した。要求金額を払うと、彼らは退散した。船長の話だと、襲撃した連中はイエメンから来たと言っていたという。さらに南方へ一五〇マイルのペリム島の沖合で、二〇〇四年九月二六日、放水銃の一斉噴出とジグザグ航行でキプロス船籍のコンテナ船サンマン号は、二隻のスピードボートに乗ってきた九人の海賊たちの犯行の意図を阻止した。同じく一三人の海賊が、同じく二隻のスピードボートで、二〇〇四年八月二六日、エリトリアの沖で、パナマのプロダクトタンカー・シーウィッチI号に接近してきた。乗組員たちは、放水銃を作動させた。海賊どもは近づくことができず、四時間もすぐ近くを航行したあげくついに諦めた。同じ海域で、二〇〇五年五月二四日、パナマのローロー船NMTエリーゼ号の船長は、船縁に沿ってやって来た二隻の船の攻撃を失敗させた。

アメリカの大型客船マースクデルフ号の船客たちは、二〇〇六年二月八日、クルージングの日程に入っていなかったアトラクションをむりやり見せられた。アデン湾で、数隻のスピードボートが、明らかに十分に組織された動きで、四〇〇メートル離れた距離から客船の前方と後方から接近してきた。ボートには多くの人間が乗っていて、多分ロケットランチャーをもっていた。ボートはなんども船の航跡を横切った。客船は速度を上げて、二八ノットにまで達した。そして、一〇分後に、海賊ボートの小船隊は南に去っていった。二〇〇六年四月一日、ばら積み貨物船リーガルスター号の乗組員たちは、海賊たちを投光器で照らし、航路を変えて、彼らの戦意を失わせた。

確かに、アデン湾や紅海では、商業交通量が多いことや、また、とくにジブチに基地を置く戦艦やインド洋で活動する戦艦などの介入手段から近いことからも、他の地域よりも高い安全性が確保されている。その事例としては、二〇〇六年三月七日にイタリアのLNGタンカー・エンリコイエボーリ号がある。この船がアデンの沖合約五〇マイルを航行していたとき、一五艘もの小舟が接近してきた。船長は速度を上げるように命じたところ、小舟は追跡を諦めた。通報を受けたジブチ当局は、タンカーのいる地点に向けてイタリアの戦艦を差し向けた。

ランブール号が受けた襲撃のあとで、フランスの関係閣僚協議会は《船舶の自発的監視海域》を設けた。これは、インド洋のフランス海軍を指揮する提督〔管轄海域は、西は紅海、アフリカの東部海域から、東はシンガポール、オーストラリアにまで及ぶ〕の常時管轄下にある海域に含まれる。これらの危険水域、とくにホルムズ海峡、バベルマンデブ海峡の狭い水路に接近する船舶ならびにヨットは、電話またはインターネットでフランス海軍と連絡を取り、情報を得て、最も安全な航路や疑わしい場合に採るべき行動などを知ることができる。場合によっては保護を受けることもできるが、いずれにせよ、ブレスト〔フランス、ブルターニュ半島の先端近くにあるトゥーロンと並ぶ海軍基地〕のＣＲＭ（海軍情報センター）がリアルタイムで追跡してくれる。

それでもなお、世界のこの地域は、貿易や漁業、あるいはレジャーの目的にでも、船乗りたちが気軽に何度も訪れるところではない。

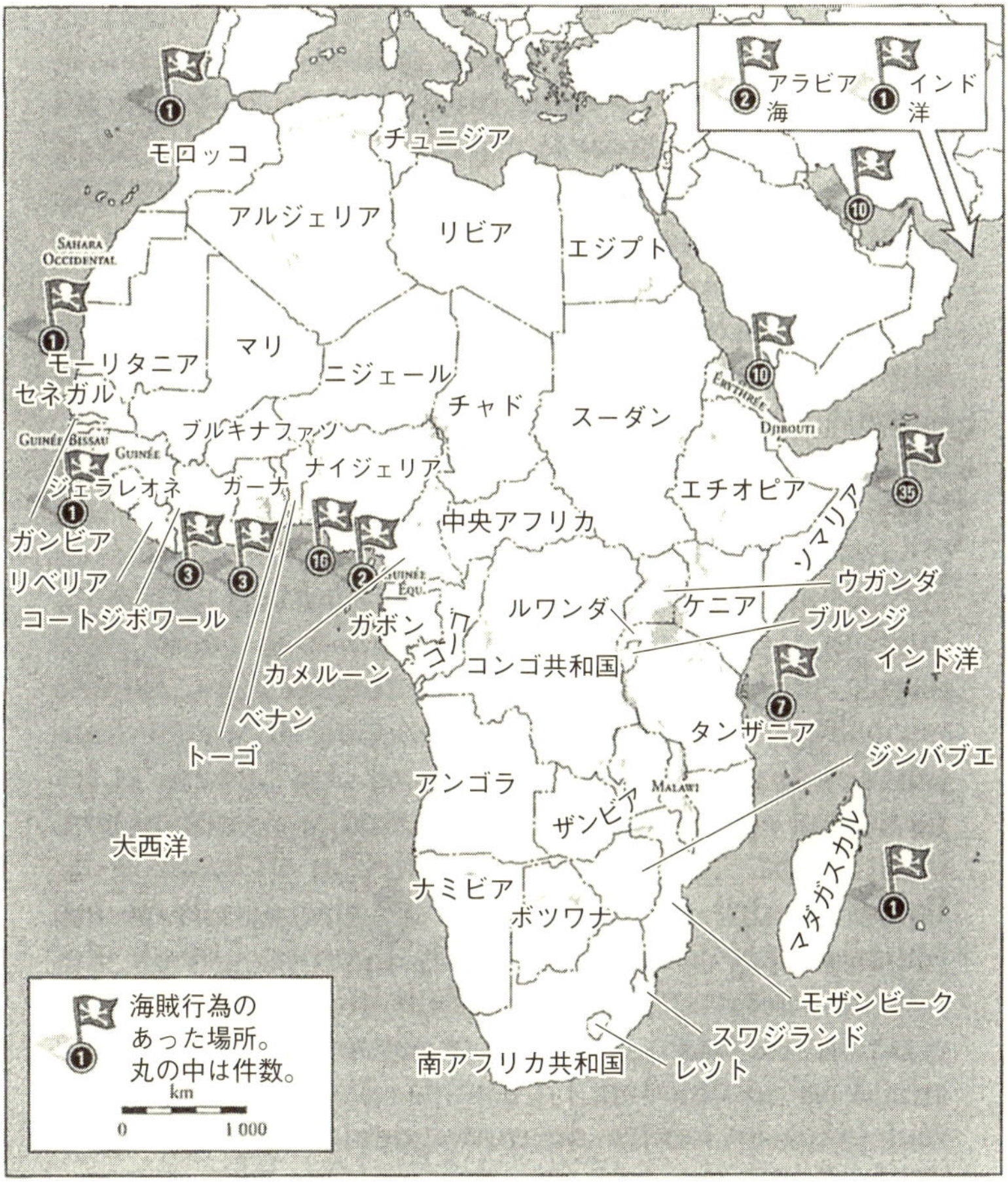

2005年にアフリカで起きた海賊行為

7 アフリカ沿岸も危険がいっぱい

海賊行為が、東南アジアとアデン湾海域だけで起こっていると考えている人は認識不足だ。海の悪党たちは無政府状態の支配するところにはどこにでも出没する。そこでは現地警察は無力であり、飢えた人たちは食い物を手に入れるためだけに簡単に命をかける。ソマリアの特別な場合と結びつく事件を除いて、アフリカで二年よりすこし長い期間に記録された略奪行為をリストアップすれば、船舶が被害を受けたものについては一〇〇件以上になるが、これはかなり深刻な数字である。国別には頻度は異なる。海賊たちのもつ武器も違うし、しばしばコソ泥のたぐいもある。ＩＭＢが全アフリカ大陸の周囲を国別に北から南へ、東から西へと、二〇〇四年一月一日以来記録してきた海賊行為のリストには情報がたっぷり詰まっていて興味深い。

この期間に、ケニアでは一件の海賊事件しかなかった。それは、二〇〇四年六月三日の真っ昼間に九人の強盗が、モンバサ港に停泊中の韓国のトロール船ベイラ号に乗り込んできたものだ。

タンザニアでも同じく被害は少なかった。二年間に記録されたのは四件だけで、別の三件の襲撃は失敗に終わった。アンティグア・バーブーダ船籍のコンテナ船ジェイドトレーダー号は、二〇〇四年一〇月二八日、接岸ポストが空くのを待ってダルエスサラーム〔タンザニア最大の都市で実質的首都〕の前で停船していた。午前三時二〇分のこと、一五人の現地住民が大型のボートでやって来た。幅広短剣をもった三人が船首のほうから登って、二つのコンテナの中身を盗みはじめた。当直の船員が警報を鳴らすと、泥棒たちは甲板やコンテナの中から盗むことができたものを持って急いで自分たちのボートに飛び移った。同じ港で、二〇〇四年一二月八日、もう一つ別のコンテナ船、イタリアのS・カボト号が真夜中ちょっと過ぎに、ナイフをもった二人のごろつきの訪問に遭った。彼らは夜警の船員を襲い、それからちょっとしたものを盗って逃げた。二〇〇五年五月九日、ダルエスサラームの投錨地で、同じくコンテナ船のアストール号に二人の強盗が入り込んだが、警戒していた乗組員が追い払った。二〇〇五年五月二九日、真夜中をちょっと過ぎて、イギリスのコンテナ船サフマリーンコトヌー号が三人の男たちによる窃盗の被害に遭った。連中はマチューテを携えて船の錨鎖孔から忍び込んだ。同じ錨鎖孔のルートが、二〇〇五年一〇月一二日、ダルエスサラーム港停泊中のノルウェーの石油タンカー・ハドラー号に盗みにやってきた三人の悪漢たちにも利用された。

モザンビークに面するマダガスカル島では、粗暴な悪者たちがギリシャのばら積み貨物船アフリカントレーダー号で大暴れした。その貨物船は、二〇〇四年六月二七日、マハジャンガの前に投錨していた。午前四時、三人の泥棒が船に乗り込んだ。彼らは当直の船員を責め立てて頭や鼻を殴り、船の前部にあった救命ボートを奪った。重傷を負った船員は病院に担ぎ込まれた。ベリーズ船籍の貨物船オービット号は、これもまた、二〇〇五年九月一三日、マダガスカルのマハジャンガ港に接岸しているとき、八人組のコソ泥に狙われた。

南部アフリカの南側の海岸は、現在のところ海賊の襲撃を免れているように思われる。ここを頻繁に訪れる船乗りたちにとって最も危険の多いのは、大西洋に接する国々、とりわけギニア湾に面する諸国である。

コンゴで、はじめて海上の盗難が発生したのは二〇〇六年のことであった。この犯罪は、三月九日午前一時五〇分に起こり、犠牲となった船はスイスの貨物船サフマリーンバシレア号でボマに停泊中であった。二人の泥棒が船内でいくつかのコンテナを開け、乗組員に発見されると盗品をもって逃げ失せた。それから四日後に、コンゴ川に投錨していたパナマの冷凍貨物船サンディノベイ号が午前一時半に船に乗り込んできた二人の強盗に狙われた。だが、乗組員に見つかってなにも盗らずに逃げ去った。

泥棒にとっては、接岸している船をよじ登るのはいつでもできることだ。カメルーンのドゥアラ〔カメルーン最大の港湾都市〕港では何隻もの船が被害に遭っている。四爪錨とロープを使って五人のナイフをもった強盗が、二〇〇四年一月一四日、リベリアの国旗を掲げるバラ積み貨物船ヘレナオルデンドルフ号に乗り込んできた。彼らは夜警一人を人質にして監禁した。乗組員が警報を鳴らしたが、強盗たちは盗んだものをもって逃げ去った。バハマ諸島の国旗を掲げる貨物船クリッパーイパネマ号は同じくドゥアラ港に接岸していた。二〇〇四年六月一二日午前四時、当直の男が見回りをしていると、盗品を船縁から投げている一人の男を見つけた。船員はその男を押さえ込み、追い払った。翌日、夜明け直前に二人の男が同じ貨物船の船尾から係留用ロープを伝ってよじ登ってきた。当直の船員が彼らを見つけて警報を作動させたので、泥棒たちは海に飛び込んで逃げた。しかし、同じやりかたで乗り込んだ、ナイフをもった別の三人の泥棒たちは船橋に入り込んだ。連中は夜警の船員に船室区域のドアを開くように命じた。夜警は拒絶し、乗組員たちはドアを開けずに頑張ったので、泥棒たちは諦めて逃げた。シンガポールのばら積み貨物船ゴールドキャリア号は、この船もまた接岸していたが、四人の悪漢たちが侵入して、当直の船員に甲板長の金庫を開けるように命じた。見回りをしていた一人の海軍少尉がいたが、彼もまた人質にされた。泥棒たちは、二人の男を甲板長の部屋に閉じ込めてから略奪品をもって逃げ去った。タグボート・シーバルクトレジャー号はドゥアラ港に接岸していたが、一瞬昔にタイムスリップした感覚に襲われた。午前四時に、船員たちの目の前には槍で武装した現地住民がいたのだ。二一世紀だというのに。

シンガポールのタグボート・パシフィックウォーリア号は、二〇〇四年一一月一二日、カメルーンの沖を航行していた。そのとき、六メートルの白いスピードボートに乗った六人の男が船縁に沿って近づいてきた。船長はスピードを上げた。襲撃者たちは諦めた。

ナイジェリアは、全アフリカ諸国のなかでも、そこに寄港しなければならない船長や乗組員たちを最も不安にさせる国である。ナイジェリアは、ソマリアを除くと、過去数年間に残りのアフリカ全体と同じ件数の海賊行為をこの国だけで引き起こした。一億人以上の人口、鉱物資源の鉱脈、石油、天然ガス、農産物、パーム油、カカオ、木材などを持つナイジェリアは、大きな海上交通を引きつける。そして、そこでチャンスを狙う悪者たちもたくさんいるというわけだ。彼らが振り回す武器も、彼らの多大な要求に見合ったものだ。

二〇〇四年の最初から、一月五日のことだが、バヌアツ船籍の補給船ファルコンタイド号がボニー川を航行していたところ、モーター付きのボートに乗った四人の海賊に横付けされた。彼らは船橋に入り込み、船長を押さえ込み、カネを要求した。船長が断ると機器や食糧を盗み、一五分後には逃げ去った。一月九日、ニジェール川デルタ地帯でウォーリの市場に向けて乗客を運んでいたフェリーが、乱暴な襲撃を受けた。少なくとも一〇人の乗客が死亡したと思われる。リベリアの補給船シーバルクダブ号は、一月二八日、オンネ港〔ボニー川の支流にある〕に接岸していた。真っ昼間に、三人の大胆な強盗が船上に侵入して、甲板で盗みを働こうとした。当直の船員が警報を鳴らした。悪漢どもはその船員を襲い傷を負わせ、ボートに飛び乗って逃走した。もう一隻の補給船が、二月一日、ウォーリの北四〇キロのサペレで接岸していた。そのとき、数人の海賊が、海軍将校一人と某石油会社の職員三人を身代金要求の目的で連れ去った。五日後にリベリアのプロダクトタンカー・パクトルリバー号がラゴス〔ナイジェリア最大の港湾都市〕の前に停泊していたとき、三隻のスピードボートが接近し、乗り込んできた。短刀を握った五人の海賊どもが夜警の船員を襲って押さえつけた。乗組員たちは通報を受けたが、海賊たちはいろいろ盗んでからボートに乗って逃げた。

二月一一日、さらに重武装でやって来た四人組のスピードボートが、《岩の岬》の前を航行していたはしけ船バコライナー号の航路を遮った。連中は連発銃を振り回し、通行料としてカネを要求した。彼らは受け取った金額に不満で二〇~三〇発の銃弾を撃ち込み、はしけ船の船体やその上の船室にも当たった。幸いにも船員はひとりも怪我をせず、現地の当局は通報を受けて捜査を開始した。ほとんど武器といえるものをもたない四人が、ラゴス港の前に停泊していたカタールのケミカルタンカー・ドゥクハム号を襲った。スピードボートで来て、彼らは当直の船員に向かって瓶や金属の破片を投げつけ、盗みを働く間ずっとそうやって船員を脅しつづけた。リベリアのケミカルタンカーMCTアルマック号はウォーリ川を進んでいたが、三月二三日、六艘の舟に乗って武器をもった海賊たちに乗り込まれた。悪者たちは停船を命じ、一隻のはしけ船を横付けにして、船を解放する前に六五〇トンのガソリンを吸い上げていった。

　すでになんどか見てきたように、十分な武器をもっていない襲撃者は素人と考えられる。二〇〇四年四月七日、ニジェールのケミカルタンカー・アシャビ号がエスクラボス川〔ナイジェリア南部ニジェール川分流の一つ〕で停船していたときにこの船を攻撃した連中は、この事例には当てはまらない。午前一時四〇分、連中は一艘のボートに乗ってきた。彼らの挙動や振り回す連発銃を見れば、海賊に備えていた乗組員にはすぐに見分けがついた。船員たちはボートに向けて泡沫消火器を噴射した。海賊たちも銃撃した。当直の船員は船室区画に逃げ込み、すべてのドアをブロックした。海賊たちは船に乗り込んで、内部に侵入しようとしたができなかった。彼らは舷窓と操舵室のドアに向けて発砲し、船橋に入ろうとした。機関長を捕らえ、彼の船室に引っぱっていった。機関長は一〇〇ドルを渡したが、彼らはそれを投げ返した。彼らは、なんと数千ドルを要求したのだ。要求した金額が手に入らなかったので、機関長を鉄棒で殴って傷を負わせた。ギャングの親分が手下のひとりに、機関長を殺すよう命令したが、危機一髪で身をかわすことができた。弾は甲板に当たった。盗みを働いてから、海賊どもは逃げ去った。活劇は三〇分つづいた。二等航海士と三等航海士がガラスの破片で怪我をした。

リベリアのLNGタンカー・ザダー号は、五月九日、ラゴスの沖合に投錨して積み替え作業を行っていた。二人の泥棒に襲われた当直の船員が警報を鳴らした。この警報で泥棒たちは逃げたが、しかし船の機械や船員たちの衣類などが盗まれた。

二〇〇四年七月二〇日の真夜中のこと、イギリスのばら積み貨物船ルカスタ号は二人のコソ泥の訪問を受けた。彼らは幅広短剣で夜警の船員を脅し、機材を盗み、通報を受けた乗組員たちに捕まる前に姿を消した。マルタのケミカルタンカーの乗組員たちがほんものの戦闘の末に、泥棒たちを追い払った。このタンカーは、八月二五日、ラゴスから六マイルの場所に停船していた。三人の泥棒が船上に登ってきて、カネを要求した。乗組員は連中を追い出し、彼らは自分たちのボートに引き返した。悪党たちは、こんどは火炎瓶をつくって、それを船の甲板に投げ込んできた。船員たちは、消火ホースで放水して応戦した。船長はそこで船の錨を上げて、沖に向かうことにした。つぎも悪者たちの失敗例だ。二人の悪者が、八月三〇日、マルタのばら積み貨物船カリ号で盗みを働こうとした。連中は船員一人に怪我を負わせたが、乗組員たちがやってきたのでなにも盗らずに逃げた。二〇〇四年九月二日、同じくラゴスの沖合に停船して積み替え作業をしていたプロダクトタンカー・ベラ号は、夜明けのちょっと前に、幅広短剣をもった二人の男たちの訪問を受けた。彼らは当直の船員を縛って、貯蔵室の錠前をこじ開け、そこにあったものを奪った。別の船員が警報を鳴らしたので、泥棒たちは逃げ出した。

キプロスのケミカルタンカー・マウントロブソン号を襲った連中は、なかなかのやり手だった。この船はラゴスに投錨していた。二〇〇四年一〇月三日午後一〇時五〇分のこと、当直の船員が、船の左舷にいた小さな漁船に不審を抱いたので、投光器をそちらに向けた。思いがけないことが起ころうとしていた。その間を利用して、もっと大きな船が右舷に近づいていたのだ。四爪錨を使って二人の強盗が船に登ってきて、盗みをはじめた。警報が鳴り渡り、乗組員たちが警戒態勢に入った。しかし、すでに泥棒たちは盗品をもって逃げ去ったあとだった。はるかに危険だったのは、同じ水域で、四日後にイタリアのプロダクトタンカー・アレグラ号を襲ったギャングたちだ。真夜中ちょっと前、四爪錨とロープを使って一五人の男が船上によじ登って、夜警の船員を押さえ込んだ。彼らは銃と幅広短剣で武装していた。甲板士が警報を出した。乗組員が集合して船室区画の扉を封鎖した。泥棒たちは船橋に侵入し、甲板士に通信機器の電源を切るよう命じ、船長を人質に取って、船員たちを脅して手荒く扱った。連中は船長に金庫を開けさせ、カネや船員たちの私物を取り上げ、船長と三等航海士に傷を負わせた。三時間経ってから、与太者たちは二隻のスピードボートで逃げた。甲板士が港湾当局と連絡を取ろうとしたが、返事はなかった。

遠洋航海船の船長ベルタン・ドゥレンヌは、ブロストローム・タンカーズ社のプロダクトタンカー・ブロエリザベス号を指揮していたのだが、ナイジェリアで彼がとった細心の用心を覚えている。

「二〇〇四年に、私はスウェーデンで軽油を積み込んで、評判の悪いラゴス港まで運ぶことになった。我々は、ひとから勧められていた当日の錨泊地に着いた。私は船を投錨させて、いくつかの役所の手続きを済ませ、積み荷のサンプルをとる作業をした。以上の作業が済むと我々は錨を上げて沖合に出た。接岸はまだ一週間もあとだったからだ。こういう場合、我々は機械を停めて、ありがたくない連中がないことを祈りつつ船を漂流させる。我々は、接岸するためでなければ海岸に近づかない。この間にも、我々は、VHF（超短波）ラジオで、武器をもった男たちが船に乗り込んできたという襲撃された船からの救援要請をなんどか聞いた。VHFの届く範囲は広くはない。襲われた船は我々からそれほど遠くはなかったはずだ。しかし、そのあとにはなにも聞こえなくなった。現地当局が動いたとの印象は受けなかった」

一一月二九日、パナマの冷凍船フリオアトランティックI号がエスクラボス川を航行していたとき、真夜中に、自動小銃を振りかざした五人の海賊に乗り込まれ、当直の船員が捕まり、殴られた。

乗組員に向けて発砲し金庫の中身や船の貴重品、その他船員たちの品物を奪った。一二月二日、LNGタンカー・アワロ号はラゴスの前に投錨していた。午前一時半に夜警が、スピードボート数隻が船に向かってやってくるのを見た。副船長が投光器でボートを照らしたが、それでも一二人の悪者たちが近づいて、甲板に登ってくるのをくい止めることができなかった。彼らは銃や短刀、鉄棒などをもっていて、副船長が警報を鳴らすのを止めさせ、船長を捕まえて銃をこめかみに押しつけ、喉にナイフを突きつけてカネを出すように言った。彼らは船長の首に切りつけ、船員たちにも傷を負わせた。また副船長を脅して、もっと多くのカネを出すように言った。副船長は、連中が船員たちに言うことを聞かせるように船員の一人を撃ち殺そうと話しているのを聞いた。幸いにも、海賊どもの一人が反対した。彼らは、船のカネをすべて盗み、船室で見つけたカネや金目のものを奪ってからボートに戻った。襲撃は一五分ほどしかかからなかった。

一二月八日、ラゴス港に接岸中のばら積み貨物船カロリーヌオルデンドルフ号の当直船員が見回り中に、操縦装置がある小部屋のロックが壊されているのを見つけた。その日に船は出航した。それぞれに七人から九人の男が乗った二隻の船が貨物船を追ってきて、船長に航路をむりやり変えさせようとして、それからいなくなった。この小さな事件はたぶん、密航者たちがヨーロッパに行くために潜り込もうとしていた証拠である。

夜間に三隻の船舶が盗難にあったのも、ラゴス港の前に停船していたときだった。一二月一五日に中国のケミカルタンカー・チョンフア六号、翌日にはパナマのディレジ号、それにスノウマス号である。このパナマの冷凍船では、当直の船員がナイフで脅されたが、他の乗組員たちが集まってきてサイレンを始動させた。これで泥棒たちは逃げ去った。

ナイジェリアでは、二〇〇四年中を通じて以上のような事件が増えた。最も深刻だったのは間違いなく、ニジェールデルタ地帯で四月二三日に起こった事件であった。一隻のナイジェリア海軍の哨戒艇が、油井に向かう労働者たちを護送していた。銃をもった海賊たちが待ち伏せしていて乗り込んできた。銃撃戦があり、労働者五人が殺され、二人が行方不明、もう一人が負傷した。

それに比べると、二〇〇五年と二〇〇六年のはじめの数カ月はそれほど悲劇的ではなかった。二〇〇五年一月三日午前二時、短剣をもった強盗たちがリベリアのLNGタンカー・スカウヘガン号に忍び込んで、二つのタンスの施錠を壊し、中のものの一部を盗んだ。それから五カ月経ってから一人の別の泥棒が忍び込んだ。男が来たのは五月二日のことで、盗みは失敗した。インドのケミカルタンカー・サンマールシンフォニー号は、ラゴス港に停泊して、荷を積み込んでいた。午前二時一五分、二人のごろつきが夜警の船員に襲いかかって、手足を縛り猿ぐつわを嚙ませた。彼らは食糧貯蔵室に入ろうとしたが果たせず、手ぶらで出ていった。

アンティグア・バーブーダ船籍の貨物船クリスチャンD号はオンネ〔ニジェール川デルタのオグ入江にある港〕に投錨していたが、五月二四日の真夜中に、武器をもった攻撃的な海賊の訪問を受けた。彼らは何人かの船員を殴り、そのうち一人に銃弾で傷を負わせ、船のカネや金融債券類、それに船員たちの金目のものなどを盗んだ。それから、強力なエンジン付きのボートに乗って逃げていった。それから三時間も経たないうちに、同じ停泊地で、デンマークの貨物船カリンB号が、その乱暴さの程度から判断するとクリスチャンD号と同じ連中ではないかと思われるギャングの餌食になった。彼らは船員を殴り、銃弾を浴びせ、船のカネや食糧や貴重品を奪った。連中は、高速エンジン付きの六メートルほどの青色のボートで逃げ去った。ボートには、警察が捜査をしさえすれば海賊を特定できるほどのいくつかの特徴があった。

パナマの冷凍貨物船フリオカリビック号はボニー川の中に投錨していたが、六月七日午前一時二〇分、四爪錨とロープで乗船しようとした自動小銃をもつ四人の海賊に襲撃された。警報を受けた乗組員たちは銃撃を受けたが、襲撃を押し返した。銃弾は甲板の舷檣（げんしょう）〔甲板の両船縁に設けた鋼板の柵。人の転落や波浪を防ぐもの〕にまで達した。船員が一人も怪我をしなかったのは幸運であった。劇的だったのは、六月一二日、ウォーリ地域に停船していたバヌアツのFPSOジェームズタウン号の乗組員四五人が人質に取られた事件であった。人質たちが釈放されるまでには三日間の交渉が必要だった。

マルタのばら積み貨物船ツィニ号は、ラゴスの前に錨を投げた。六月一七日午前二時四〇分、一隻のボートが横付けした。小銃と幅広短剣をもった六人のごろつきが乗り込んできて、夜警の船員に武器を突きつけ、盗みはじめた。船員は警報を鳴らした。乗組員たちが集まってきて、襲撃した連中はスピードボートで逃げ出した。船長は、当局に通報してから、錨を上げて沖合で漂流することにした。

この危険なラゴス港で、二〇〇五年の後半に記録された襲撃事件は七回だった。七月四日、ケミカルタンカー・グローバルユニオン号は、夜間に五人の男の三〇分ほどの訪問を受けた。彼らは夜警の船員を縛り、警報が鳴りサイレンが作動すると盗んだものをもって逃げた。七月一五日、三人の強盗が石油タンカー・オクタビア号の当直の船員二人のトランシーバーを奪った。船長は港湾当局に電話をかけたが返事はないままだった。一時間後に、たぶん同じ強盗だと思われるが、石油タンカー・ナナ号の船上で当直の船員をナイフで脅し、重傷を負わせた。すべては船員のトランシーバーを奪うためだったのだ。貨物船エコダニ号で、八月二二日午前二時四五分、泥棒たちが二個のコンテナの錠前を壊し盗みを働き、機材も盗んだ。八月二五日、ルーテナントアラン号で、一〇月二五日にはメディーク号でもまた盗難事件が発生した。

八月二五日、午前一時、ルーテナントアラン号船上で夜警の船員が、船の後方約三〇メートルの所に接近する泥棒二人を見つけた。船員は当直の士官に知らせた。同時に二人の泥棒が、気がつかなかったもう一艘の舟で右舷から近づいた。ナイフを持った悪者の一人が船員を襲い、空の瓶を投げつけたが当たらなかった。ヘルメットをかぶっていた船員は悪者を退却させた。警報が始動し、泥棒たちは甲板から海に飛び込み、ボートの一つに拾われた。

リベリア船籍のコンテナ船ロンドンタワー号は、投錨ポストが空くのを待ちながらラゴスの沖合一九マイルを漂流していた。そのとき、九月二日、四人の海賊がカヌーでやって来て、船の前部から登ってきた。彼らは幅広短剣で武装していた。当直の船員が連中に気がついて副船長に知らせ、侵入者たちに立ち向かった。彼らのうちの二人が船縁を越えて飛び降り、別の二人は船員と戦ったが、副船長が警報を作動させたので逃亡した。船員は軽傷であった。もっと血なまぐさかったのは、九月二七日にエスクラボス川に停泊していた石油タンカー・オーバーグリーン号への襲撃であった。船員二人が銃弾で傷を負って、入院しなければならなかった。

一二月一二日、ケミカルタンカー・イングラ号に登ってきた二人の悪者たちは、警報が鳴り響いたとき諦めて海に飛び込んだ。

二〇〇六年のはじめの数カ月間は、攻撃はほんのわずかであった。

二月一八日、労働者を運ぶはしけ船がスピードボートでやって来た海賊に襲われた。九人の労働者を人質にされ、油田プラットフォーム建設用の資材が壊された。三月二八日、イギリスの石油タンカー・ハドラー号がラゴスの沖を航行していたとき、船に乗り込もうとした三人の海賊を乗組員が追い払った。別の石油タンカー・ボニータ号が五月二四日、ラゴスに停泊していたが、二人の泥棒の訪問を受けた。彼らは夜警の船員の腕を縛り、機材やその船員の私物を奪った。

とくに二〇〇四年中にナイジェリアで起こった一連の海賊事件のあとでは、その他のさらに西側の海域で起こったことは、取るに足りない事件のように思われるかもしれない。しかし、それぞれの襲撃が一種のサスペンスに富む犯罪小説である。被害に遭った船員たちは、なぜ暴漢どもが興奮して冷静さを失い、銃の引き金を引くような状況になってしまったのかがまったく理解できない。そのうえ、政治状況や内乱、クーデター、生活水準がもたらす原因などで、寄港する船の安全性は絶えず変化し得る。

ガーナはナイジェリアに近いが、海上の犯罪は比較的少ない。二年間に八件だけという少なさである。二〇〇四年一月二二日、ベリーズの国旗を掲げる冷凍貨物船カルメンリーファー号がテマ〔ガーナ南部、首都アクラから近い港町〕港の埠頭から〇・七マイルの場所に投錨していた。午前零時三〇分、三人の悪漢が船に登ってきて、盗みを働き始めた。当直の船員が警報を発したので、コソ泥たちは逃げ出した。五月四日、同じ港の前に停泊中のマーシャル諸島共和国船籍のケミカルタンカー・ケープビル号は、午前一時二五分に短刀をもった海賊三人の訪問を受けた。夜警の船員は警報を鳴らし、乗組員たちが来て対抗した。しかし、襲撃した連中は逃げる前に夜警の船員のトランシーバーを奪っていった。もう一隻の別の冷凍貨物船、パナマの国旗を掲げるパレスター号は、二〇〇五年三月二二日、おきまりの襲撃を受けた。その船はテマの前に停船していた。午前一時一〇分、一〇人の強盗がモーターボートで来て、船に乗り込もうとした。警報が鳴り渡って，乗組員たちは放水ポンプで水を吹きつけ、投光器を向けた。これで悪漢たちは諦めざるを得なくなった。オランダの貨物船ハッピーローバー号は、二〇〇五年六月一二日、タコラディ〔ガーナ南西部の港町〕の投錨地にいた。午前一時四五分、三人組の強盗が船の前部をよじ登ってきて、甲板にあったものを盗んでから、一艘のボートで逃げた。それから一三日後に、たぶん先日のと同じ連中と思われる三人の悪者たちは、もっとついていなかった。彼らは錨鎖孔からよじ登り、前甲板の大箱のロックを壊した。しかし、連中はその蓋を開けることができなかった。当直の船員に見つかり警報が鳴った。泥棒たちは手ぶらで、仲間が待ち受けるボートで逃げ去った。

このように、すべての海賊の企てが失敗に終わった。シンガポールのＬＮＧタンカー・スーパーリーグ号は、二〇〇四年一月一七日午前三時半に、警報を鳴らし、停泊中のテマ港の当局に通知して、海賊どもが退散するように仕向けた。同じく泥棒たちの失敗談はつづく。それから五日後に、日本の冷凍貨物船・八戸湾号は、二隻のスピードボートでやって来た二〇人の海賊たちに一度に消火ポンプを噴出させ、そして一時間後にもういちど乗組員たちに警報を出して追い払った。

隣国コートジボワールの沿岸でも、難しい事件は少なかった。だからといって、暴力事件がないわけではない。二〇〇四年一月二九日、バハマ諸島の貨物船エコザラ号はアビジャン港の第二投錨地に停泊していた。午後一〇時三〇分、二人の海賊が船尾をよじ登り、当直の船員を持ってきたマチューテで脅して縛り上げ、盗みを働いた。警報が鳴り出して、泥棒たちは海に飛び込んだ。四月二〇日、アビジャンに接岸していたジブラルタルのコンテナ船ソフィーシュルツ号に乗り込んできた男の犯罪計画の果ては、強制的海水風呂と失敗だった。さらに興味深いのは、アビジャンに投錨中のバミューダ諸島の石油タンカー・ステナビクトリー号の船上で起こった不幸な事件であった。二〇〇四年七月二七日午前四時四〇分のこと、一人の船員が当直していた。短刀をもった一人のやくざ者が錨鎖孔から入り込み、当直船員を脅して服を脱ぐように命じ、その衣類とラジオを持って逃げ去った。船員は素っ裸で、甲板上で発見された。二〇〇五年五月一五日、同じくアビジャンに停泊していたパキスタンの貨物船ハイデラバード号は錨鎖をよじ登ってきた数人の強盗の訪問を受けた。連中は夜警を捕らえ縛り上げ、身につけていた金目のものとトランシーバーを奪った。夜警の船員はやっとのことで縛られていたロープをほどき、警報を鳴らした。悪者たちは船縁から海に飛び込んだ。九月三〇日、同じくアビジャンの前に投錨中のばら積み貨物船オーディンパシフィック号の船上で盗難があった。他方、二〇〇五年九月一六日、ケミカルタンカー・オーバーシーズライマー号の錨鎖をよじ登ってきた三人のごろつきどもは、乗組員に接近を拒まれ、警報が鳴るとなにも盗らずに引き返していった。

これもコートジボワールでのことだが、バハマ諸島の貨物船アスペンアロー号は二〇〇六年二月一三日、サンペドロ〔コートジボワールの最大都市アビジャンより西海岸の港町〕の前で停船していた。その折、夜明け直前に、六艘の舟でやって来た一五人の海賊どもが侵入してきた。ある者たちは船尾から、また他の者たちは左舷から、第一パネルの高さまで登ってきた。乗組員たちが迅速に対応したので何人かは押し返された。港湾事務所への警報はなんの効果もなかった。八人の強盗が、たぶん密航者になるつもりで操縦装置のある小部屋に入り込んだ。彼らは見つかって、現地警察に引き渡された。

リベリアに寄港したコンテナ船ソフィーシェルテ号は、二〇〇四年三月一五日と一六日に襲撃された。船はモンロビア港に接岸していた。数名の夜警が見張りに立っていた。午前二時、ボートに乗ってきた数人の海賊が竹棒にはめ込んだ四爪錨を使って船に忍び込もうとした。乗組員が泥棒たちを見つけ、船への接近を食い止めた。通報を受けた港湾事務所からは返事がなかった。夜警たちはあまり仕事熱心ではなかった。翌日、同じ時刻に、たぶん同じ連中だろう、同じような道具を使って接近してきた。ふたたび、彼らは乗組員たちに追い払われ、港湾事務所には通報しても応答なし。この船はまったくついてない。一カ月後にふたたびアビジャンで強盗に襲われた。

さらに北側のシエラレオネでは、二年間で四回の襲撃しか起こっていない。だからといって、凶暴な事件がなかったというわけではない。二〇〇四年八月二日、キプロスの貨物船パトライコスII号が、午前四時二〇分、銃をもった一〇人の悪者たちに襲われた。彼らは四爪錨を使って船上によじ登り船室のドアを突き破り、船員たちに銃を突きつけ、うち四人にあとで入院が必要になったほどの怪我をさせて、金銭や貴重品を奪った。泥棒たちは船内に四〇分も留まった。その間に船長は港湾当局に通報したが、当局は七時間経ってやっと船にやって来た。二〇〇四年五月九日、石油タンカー・エックハーズ号で発生したのは単純な盗難だった。警報を鳴らし、サイレンを始動させて、ばら積み貨物船アラミスA号の乗組員は錨鎖孔をよじ登って侵入した四人の悪者を追い払った。

もっと劇的だったのは、二〇〇六年一月二日にムジン号の船上で起こった出来事だ。この韓国の漁船はシエラレオネのイェリブヤ島〔シエラレオネ北部の島。野生動物の国立公園がある〕の沖合の航路をとっていた。船長は慎重を期して現地海軍の二名で構成される護衛隊を乗船させていた。午後一〇時に、武器をもち軍の戦闘服を着た一四人の海賊たちが一隻の船に乗って近づいてきた。そのうちの二人が乗り込んできた。シエラレオネの海軍の哨戒艇が近くにいた。海賊たちはその方角に向けて平気で発砲した。哨戒艇も応戦した。ほんものの海戦がはじまったのだ。漁船の船長は怪我をして、あとで入院しなければならなかった。海賊たちの一人が捕らえられ、自動小銃が一つ押収された。哨戒艇の船員には弾は当たらなかった。

アンティグア・バーブーダ船籍のローロー船ノルランド号は、二〇〇四年六月二七日、ギニアのコナクリ港に接岸していた。船にはいちばん接近しやすいときだ。午前四時、数人の泥棒が登ってきてナイフで当直の船員を脅した。別の船員たちがやって来たので、彼らは逃げ出した。一カ月後、七月二三日、キプロスのばら積み貨物船アトランティックチャーム号は同じくコナクリに接岸していた。夜明けどき、マチューテで武装した悪者二人が船に忍び込んだが警報が作動した。乗組員が駆けつけたので泥棒たちは海に飛び込んだ。翌日、たぶん前日のと同じ連中と思われるが、二人のごろつきが午前一時にもう一度運試しにやってきて、港の海の水風呂に投げ込まれるという前日と同じ結果に終わった。もっと上等な獲物が六人の押し込み強盗の手に入った。彼らは、二〇〇四年九月二〇日午後一〇時二〇分、コナクリに接岸していた貨物船エコダニ号に忍び込んだ。彼らは船室のドアを開けるまでには至らなかったが、機材を盗み、待っていた船に乗って逃げ去った。港湾事務所と警察に通報が行き、現地警察が捜査のために船に来た。

イギリスのLNGタンカー・メレスクベルファスト号が、二〇〇六年五月二日、コナクリから二五マイルの海上を漂流していたとき、VHFでコナクリ港から発信しているというメッセージを受信した。発信者は、水先案内の船が向かっているから縄ばしごを用意するようにと言っていた。少し経ってから、甲板士が、一隻の漁船から灰色のボートが降ろされたのを見つけた。救命胴衣をつけ自動小銃をもった五人の男たちは公務の者だと言い、水先案内人用の縄ばしごを下ろすよう新たに求めた。このタンカーは翌日でなければ港に入れないことになっていたので、船長は警報を鳴らし、放水銃を作動させた。ボートはしばらくタンカーを追ってきたが、やがて漁船に戻っていった。

二〇〇六年五月二二日の夜明け、コナクリの沖合六〇マイルの海で、二隻のボートがロシアの石油タンカー・シュコトボ号に近づいた。そのうちの一隻は五〜七メートルほどの長さで金属製、モスグリーンの色をして、ヤマハの四〇馬力エンジンで推進し、カッサP一七号という名前だった。もう一隻は一五から二〇メートルもあり、船名なし。六人の海賊たちは乗船してきたが、連発銃と手榴弾をもっていた。連中は船の料理人を捕まえて船長のキャビンにむりやり案内させた。その場に着くと料理人は叫んだ。《船長、海賊が船にいます！》と。船長は、船橋に連れて行かれる前に警報を送る時間があった。襲撃した連中は書類を見せろと言い、カネを要求した。船長は三〇〇〇ドルほどを彼らに差し出した。悪者たちはこれで満足したらしく、立ち去った。騒ぎは三〇分ほど続いた。強盗団の首領はポルトガル人らしかった。

隣のセネガルもまた、まったく海賊から逃れているわけではない。個人的な記憶をたどってみると、一九七九年に私たちの乗った帆船がカナリア諸島とヌアディブー〔モーリタニアの町〕の間を航行していたとき、針路がおかしいと思われたイギリスの小型貨物船に船の位置をVHFで教えたことがあった。貨物船の航海士が私たちに説明したところでは、船はダカールで六分儀を盗まれてしまったということだった。この港では当時よくあることだった。もっと最近のことを詳しく述べよう。マン島に船籍のあるLNGタンカー・フィリピンシュルツ号は、二〇〇四年三月二一日、ダカールの沖を航行していて、真夜中、乗組員が気づかないうちに船に忍び込んだ泥棒による盗難の被害に遭った。キプロスのコンテナ船ヘンリエッテシュルツ号は、五月一八日、ダカールの投錨地に停泊していた。船員たちは、漁船で来た三人の海賊を追い払おうとした。しかし、彼らは船員たちをナイフで脅し、まんまと盗みを働いた。一カ月後、同じ場所で、マルタのばら積み貨物船ラブスター号は夜明けにマチューテをもった三人の悪漢どもの訪問を受けた。彼らは当直の船員を捕らえ、盗みを働き、警報が鳴ると盗品をもって海に飛び込んだ。コンテナ船メルキュール号が、七月二六日、ダカール港を離れた直後に、港口から三マイルの所で三人の悪者たちに乗り込まれた。短刀をもっていて大量の食糧を奪ってからモーターボートに乗り移って逃げた。グルジアの石油タンカー・アンナ号についても状況は同じだった。八月二三日、水先案内人が下船するやいなや、強盗たちが船に乗り込んできて貯蔵食糧を奪って、ボートで逃げた。

モーリタニアに寄港しヌアディブー港に停泊していたバハマの冷凍貨物船ロコ号は、二〇〇四年五月二日に二度にわたって強盗の訪問を受けた。午前一時一〇分、連中は一〇人で錨鎖を登ってきた。幅広短剣で武装し夜警の船員を捕まえ、トランシーバーを取り上げた。二等機関士が警報を鳴らし、サイレンを始動させた。泥棒たちは盗んだものをもって逃げ去った。それから一時間経って、幅広短剣をもった三人が貨物船によじ登ってきた。乗組員たちが追い出そうとしたが、機器や食糧を持ち去った。両方のケースとも、港湾事務所と水先案内連絡所に通報したが、ライトがつく航行標識がないので夜間は閉めていて、応答はなかった。

パナマ船籍のローロー船ユークック号は、ヌアディブーの沖合六〇マイルを漂流していた。午後九時二五分、ライトを消した一艘の舟が接近してきた。船長は警報を出し、船の速度を上げ、乗組員には放水銃を準備させた。無灯のボートは一七ノットまで速度を上げて追ってきた。船長は速度を最大に上げたが、もう一艘の別の舟がローロー船を遮ろうとして現れた。二隻の舟に三時間追われたが、ついに諦めて去っていった。船長は、陸地の当局に通報しようとしたが、ことばが通じなくてできなかった。

モーリタニアのケースは、政治的環境の変化がもたらす危険の典型的なものである。ヌアディブーは、今では丸木舟でカナリア諸島に行こうとする密出国者たちの出発基地になっている。こうした移住者たちにはカネが必要なこと、それに極度に困窮していることから盗みを犯さざるを得なくなるのだ。

モロッコで二〇〇五年三月四日に起こった事件について述べておこう。エジプトの貨物船マルサアラム号は、カサブランカ港に接岸していたが、午前三時一五分、短刀をもった与太者たちに侵入された。甲板士が警報を鳴らし、船長が警察を呼んだところすぐにやって来た。泥棒たちはパトカーを見るやいなや、波止場の闇の中に消えていった。

ソマリアは除いて、三〇カ月で一〇〇件以上の襲撃が、アフリカで起こった。そのうちの二五件は重大で、銃撃と負傷、殺人、人質などがともなった。四〇件は単純な盗難だったが、これらは常に迷惑でかなり深刻だ。四〇件以上は、乗組員たちの警戒と活躍のおかげで失敗に終わったが、またしばしば、ほとんど武器をもたない数多くのコソ泥たちが、見つかるやいなや逃げ出して失敗に終わっている。

2005年にラテンアメリカとカリブ海で起きた海賊行為

8 南米、カリブ海沿岸もまた…

アメリカ大陸での海賊行為は南米とカリブ海の北側に限られる。北米に関わる犯罪行為は、おもにドラッグの密貿易に関係している。この分野の事件は、別の国内および国際緒機関の管轄下にある。

ラテンアメリカでは、いわゆる海賊行為が存在するのだろうか。ＩＭＢ（国際海事局）で記録されている事件の大部分で目立つのは、コソ泥たちの単純な盗みで、連中はせいぜいナイフを所持しているか、ときには素手で来て、見つかるとすぐに逃げ出す。

アマゾン川はしかしながら、危険度が高い地域だ。パナマ船籍の貨物船ソコフルレイク号はベレン〔ブラジル北部アマゾン河口の主要な貿易商業都市〕に接岸していた。二〇〇四年一月三一日のことだ。用心のため船長は現地の夜警を募集した。しかし、それでも短刀をもった二人の泥棒の侵入を防げなかった。彼らは互いにつながっていたのだ。警備の士官と見回りをしていたもう一人の船員も脅された。士官が警報を鳴らしたので、泥棒たちは盗品とその警備の船員の時計をもって逃げ去った。泥棒たちの仲間と疑われる夜警は、たまたま事件のときには船内にはいなかったのだ。港湾当局は通報を受けて捜査に来たが一〇分ほどで帰っていった。一カ月後の二月五日、ベレンに停泊中のシンガポールのＬＮＧタンカー・グラスマー号は、船の前部から登ってきた四人の盗賊の餌食となった。連中は、見つかるやいなや盗品を抱えて逃げていった。港湾事務所に連絡したが応答なし。同じくアマゾン川のマカパ〔アマゾン河口の都市だがマラジョ島を挟んでベレンの対岸にある〕に投錨していたバハマ諸島の貨物船フリンチアロー号は、二〇〇五年一月一五日、盗難の犠牲になったが、通報された港湾当局が世話をしてくれることはなかった。

コンテナで運ばれる品物は、それを盗んで売り払おうとする連中にはおいしい餌だ。リオグランデでのケースだが、この地帯はコンテナ船が積み荷を下ろすところで、泥棒もはびこっている。二〇〇四年七月二五日、モンテマールヨーロッパ号は錨を降ろしていた。夜の間に、数人の泥棒が船に忍び込んで、コンテナ七個を開き、その中身の一部を持ち去った。チリのマポッチョ号もリオグランデに投錨していたところ、一〇人の悪漢たちの餌食となった。彼らは、甲板に置かれていた八個のコンテナを開いた。そのときアラームが鳴り、サイレンが作動した。彼らは盗品をもって、待っていた舟に乗って逃げた。午前三時四五分だったが、ＶＨＦでの港湾事務所への通報に返事はなかった。その情報を水先案内連絡所から連絡を受けた連邦警察は、コンテナ船が接岸したときに船にやって来た。この災難は、つぎの船への教訓になった。一一月二二日、同じ投錨地で、午前一時ちょっと前に、乗組員が左舷から接近しようとする一艘のボートに気づいた。投光器を向けると、ボートは遠ざかった。同じく海賊の失敗例がある。午前二時に、五人の強盗がノルウェーの貨物船スターフロリダ号に忍び込んだ。見つかった泥棒たちはモーターボートに戻った。同様に、リベリアのコンテナ運搬船リオラオ号が、二〇〇六年三月二五日、サントスの検疫投錨地に停泊中に錨鎖をよじ登ってきた四人の泥棒も、乗組員に見つかって、無灯のボートに乗って手ぶらで逃げていった。

ある漁船はついていなかった。二〇〇四年五月一六日、サントスの近傍のダスマルマス島に停船していた。アルミニウム製の紅白のペンキで塗ったボートでやって来た三人の男に乗り込まれ、機材と貯蔵用食糧、それに船員たちの金目のものが盗まれた。

ドゥレンヌ船長のことはすでに彼の体験談をお伝えしたが、彼の石油タンカーが所属する会社の別の船が遭った襲撃事件のことを覚えていた。その船は、積み荷を積み込むためにサントス港に入港するのを待っていた。数人の海賊どもがロープと四爪錨を使って船に登ってきて、乗組員を集めて金庫のカネと時計、カメラを要求した。船長がすぐには従わなかったので、彼らは船長の頭をピストルの銃床でなんども殴った。

お気づきのように、一つの例外を除いては、ブラジルで運試しをした泥棒たちは、銃を振り回すことがなかった。ところが、ペルーではまったく違った。二〇〇四年一月一〇日、真夜中よりちょっと前、カヤオ〔リマク川の河口にある首都リマの港〕に停泊中のコンテナ船キャップコルテス号に、三人の海賊が錨鎖孔から入り込んだ。彼らは銃と幅広短剣で武装していた。彼らは船長が雇った夜警を襲って、盗みを働いてから逃げた。二〇〇四年八月一七日明け方のこと、ベネズエラの荷揚げ船ローラメル号上で盗みを働いた連中は武器をもっていなかった。これに対して、ペルーのコンチャンに接岸していたフィリピンのばら積み貨物船ハンディタイガー号に乗り込んできた五人の泥棒は、恐ろしい連中だった。彼らは夜警を襲って痛めつけた。陸上にいた警備隊が銃撃した。侵入者たちも反撃し、盗んでから超高速艇に乗って逃げ去った。カヤオの前に投錨していたノルウェーのプロダクトタンカー・スタバンガーブリーズ号の錨鎖を登ってきて、船上で拾い集めたわずかな機材を盗んだ単なるコソ泥もいた。彼らのライバルの四人が、二〇〇四年六月四日午後九時二一分、貨物船ルビーI号に同じルートで登ってきたが、もっと残念な結果に終わった。乗組員に見つかって、連中は手ぶらで逃げ出さなければならなかったからだ。

二〇〇五年一月二四日夜中の一一時一〇分、バハマのLNGタンカー・ガルフプログレス号はカヤオに停泊していた。船員たちが、なにかを盗もうとしている二人を見つけた。泥棒たちは、仲間が用意し待っていた舟に乗って逃走した。通報を受けた当局は捜査をして、ボートでパトロールをしたが結局見つからなかった。またカヤオの投錨地でのこと。シンガポールの石油タンカー・サンシャイン号が二〇〇五年五月一八日の盗難の犠牲になった。もっとついていなかったのは、カヤオの前で七月二一日に停泊中のばら積み貨物船サバンナ号の錨鎖孔から登ってきた六人の泥棒たちだった。見つかって、彼らはなにも盗らずに、待ち受ける仲間たちと一緒に逃げた。八月四日、同じ海域で、イタリアのケミカルタンカー・ウゴデカルリーニ号の船上で、収納庫のロックが壊されてちょっとした盗難があった。それから三時間も経たない同じ日に、貨物船BCエクアドル号がおそらく同じ窃盗団の被害に遭った。

二〇〇六年二月四日、香港のばら積み貨物船オーシャンプレミエル号上で幅広短剣と鉄棒をもった三人組が、乗組員が警報を鳴らしたのに、船の前部にあった救命ボートを盗んだ。

二〇〇六年三月四日、ペルーのタララの前に投錨していたパナマの石油タンカー・イサベルバレッタ号に乗り込んできた銃で武装した七人の男たちは、もっと危険だった。彼らは船長と船員たちに銃を突きつけ、船員たちのカネや貴重品、それに機材を盗んだ。シンガポールのばら積み貨物船アトランティックフロンティア号は、二〇〇六年四月四日、カヤオの前に錨を下ろしていたが、短刀をもった悪漢たちに乗り込まれた。連中は警備員を脅して、ハッチを開けるためにロックを壊した。

甲板士が警報を鳴らしたので、泥棒たちは逃げ去った。港湾当局は捜査を行うことを決め、見張りを強化した。

隣国のエクアドルでは、二〇〇四年には海賊事件は一度しか起こらなかった。六月二八日、リベリアのコンテナ船アキタニア号がグアヤキル〔エクアドル最大の港湾都市で経済の中心地〕の前に投錨していた船の前部から登ってきた七人のコソ泥たちに侵入された。警報が鳴り渡り、沿岸警備隊にも通報があった。乗組員が集合した。しかし、泥棒たちは戦利品を運んで自分たちの船で逃げ去った。

コロンビアは、ご存じの通り、海上でも陸上でも危険のない国ではない。リベリアの石油タンカー・エブロタス号はマモナル港に停泊していたが、二〇〇四年三月五日午後九時一〇分、船の前部からよじ登ってきた短刀をもった三人の海賊の訪問を受けた。彼らは甲板士と当直の船員の前に幅広短剣を振り上げて脅しをかけた。連中は救命ボートを盗んで逃げた。通報を受けた沿岸警備艇は二〇分以内に駆けつけた。二〇〇四年一〇月一六日の真っ昼間、一〇人の海賊が、長い棒にはめ込んだ四爪錨を使ってパナマの貨物船ジョアンヌI号に乗り込んだ。連中は前のハッチを開いて機材を盗んだ。警報を聞いた乗組員が泥棒たちに向けて放水銃で水を浴びせた。彼らは海中に飛び込んで、それから舟に乗って逃げた。船長によれば、この貨物船は二カ月に三度も襲撃を受けたとのことだった。

コロンビアで活動する悪者たちも、いずれも失敗の連続だった。二〇〇四年四月一八日、コンテナ運搬船ハンブルゴ号の船員たちは、阻止のためのさまざまな手段を用いて、襲ってきた一二人の連中を追い払った。彼らは霧笛を鳴らし、甲板のライトを点灯し、海賊たちの船を投光器で照らした。

三人の男たちが、自分たちは臆病であると同じくらい抜け目がないと思っていた。彼らは、自分たちの代わりに盗みをさせるために一人の子供を送り出すことを決めた。彼らはこう考えた。「彼は子供だ。敏捷で、素早く、身体もやわらかい。彼はするすると船に登り、甲板で音を立てずに動き回るだろう。あとは、盗んだものを俺たちに投げてくれればいいんだ。もし捕まっても、船員たちは可哀想なわんぱく坊主を手荒く扱うことはまずないだろう」。抜け目のない計算だ。ただし間違っていた。二〇〇四年五月一九日午前一時、そのチームはシンガポールのプロダクトタンカー・エンドュランス号に近づいた。子供は錨鎖孔を通って入り込み、甲板に忍び込んだ。しかし、夜警の男が大声を上げただけで、子供はすくみ上がって海に飛び込み、仲間に助けられた。

貨物船アンゴル号は、一二月一一日の真夜中ちょっと前にカルタヘナ〔コロンビア北部のカリブ海に面した港湾都市〕を離れた。

水先案内人が下船してすぐに、副船長が船尾に近づく別の水先案内船が目に入った。乗組員が急いで船尾に行ったところ、舷檣（げんしょう）に引っかかっている四爪錨とロープを見つけた。何隻もの民間の水先案内船が港内で動き回っているから、たぶんそのうちの一隻がこの失敗に終わった襲撃に関わったのだろう。その他数件の襲撃が失敗に終わっている。残念ながら、リベリアのコンテナ船アリスリックマーズ号のケースはそうではなかった。この船がブエナベントゥラ港〔コロンビア西部の太平洋に面した主要港〕へ入港するために水先案内人を待っていたとき、幅広短剣をもった六人の強盗が夜警の男を縛り上げ、二個のコンテナを開き、その中の品物の一部を奪った。二〇〇五年一一月一九日、カルタヘナの前で、石油タンカー・ニューセンチュリー号で同じく盗難事件が発生している。

ベネズエラでは、二〇〇四年二月一九日に、グアンタ〔ベネズエラ北部の都市クマナに近い港町〕に接岸して積み荷を陸揚げしていた貨物船アレグザンダー号の船上に、真夜中、二人組の海賊が乗り込んだが失敗した。二人組は甲板長をナイフで脅したが、乗組員たちが追い出した。リベリアのコンテナ船カリブ号は同じ港に接岸していたが、同じく狙われた。海賊たちは六個のコンテナのロックを壊して盗んだ。通報を受けた当局はなにもしなかった。別の二件の海賊行為は失敗した。二〇〇四年八月八日、デンマークのばら積み貨物船コズメルセメント号と、同じ年の一〇月三〇日、リベリアのばら積み貨物船ヨーマンブルック号で乗組員が立ち向かった結果、泥棒はマラカイボ〔ベネズエラ北西部の港湾都市。マラカイボ湖の石油の積み出し港〕の停泊地の海で水風呂を使わされた。

さらにドラマチックだったのは、トリニダード・トバゴの漁船が犠牲になった事件だ。船が自国の領海内でソルダッドロック〔首都ポートオブスペインのあるパリア湾内の小島〕の沖合を進んでいたとき、銃をもった同じくトリニダードの海賊どもに襲撃された。彼らは船員一人を殺し、エンジンと食糧、それに漁師たちの私物を盗んだ。

キプロスの貨物船リーフランセス号は、二〇〇四年一一月一七日、ガイアナの首都ジョージタウンの前で投錨していた。泥棒たちがスピードボートでやって来て、乗組員が追い出そうとしたが機材を盗んでいった。連絡を受けた港湾事務所は、巡視船を派遣した。一週間後に同じ水域で、冷凍貨物船ファルコンベイ号はうまく切り抜けた。水先案内人が船上にいても、図々しい強盗たちが跋扈(ばっこ)するのを食い止めることはできない。彼らは甲板に忍び込んできて、船内の小部屋のロックを壊した。そのときちょうど乗組員たちが彼らを見つけて、なにも盗らせずに追い払った。

もっと北側のホンジュラスでは、プエルトコルテス〔カリブ海のホンジュラス湾に面する港〕に停船していたイギリスのコンテナ船メルスクフレマントル号の錨鎖をよじ登ろうとした三人組が狙った分け前は手に入らなかった。船員たちが彼らを見つけたので、強盗たちは小さな貧弱な木製ボートに乗って逃げた。ご覧のように、ここでは、あの南シナ海のプロの海賊たちが乗って水平線の彼方へと消え失せた強力なスピードボートとはほど遠いのだ。

　カリブ海は数世紀にわたって、海賊とフリブスチエ〔一六～一八世紀のカリブ海海賊。スペイン人だけを狙ったこと、政府公認を標榜していたことなどが特徴〕の特権的な狩り場だった。危険が支配する地域は、現在ではアンティル諸島の北側のハイチ、ジャマイカ、ドミニカ共和国などに限られていて、それも減少しているようだ。

　シンガポールの石油タンカー・ターモイル号は、二〇〇四年四月二日、ジャマイカのポートカイザー〔ジャマイカ島南部の港〕の埠頭に横付けになっていた。午前三時三〇分、短刀をもった二人のごろつきが船上に登ってきて、勤務中の夜警を脅して、盗みを働いた。警報が鳴るや連中はボートに飛び乗って逃げ去った。港の保安係が船に来て捜査した。四月二三日、新たな盗難事件が、同じく真夜中にロッキーポイント〔ジャマイカ南部ポートランド湾に面する港〕の投錨地に停泊していたＬＮＧタンカー・アドバンス号で発生した。

　キングストンはジャマイカの首都だが、危険がいっぱいの港であることがわかった。コンテナ運搬船アレマニアエクスプレス号が外側の錨地に停泊していたとき、二〇〇四年九月一五日、日中、銃をもった五人組に突然襲われ、船倉と前部ハッチのロックが壊され、ものが盗まれた。乗組員が警報を出し、船長は港湾事務所と巡視艇に連絡をとったが応答なし。もうひとつ別の強盗団が九月一七日午前三時、ポートエスキベル〔ポートランド湾内の港〕の投錨地で大暴れした。彼らは六人で銃とナイフ、それに鉄棒で武装していた。船に登って、船の前部の大箱の錠前を壊し、略奪した。船長は警報を鳴らし、サイレンを始動させ、乗組員を動員したので、侵入した連中は自分たちのボートに乗って逃げた。

二〇〇四年一一月二〇日、ライトを全部消したスピードボートで到着した四人の悪者たちが、ケミカルタンカー・サターン号でも盗みをやった。知らせを受けて乗組員たちが集まると、彼らは盗品をもって逃げ去った。四爪錨を使って、一一月二六日、一人の泥棒がキプロスのコンテナ船ダリアン号の前部から登ってきた。しかし、泥棒は見つかって錨鎖孔に入り込み、待ち受けていたスピードボートに乗って逃亡した。もう一隻のオランダ領アンティル諸島船籍のコンテナ船キャップビンセント号が、キングストンの沖を航行していたとき、数人の泥棒が船に乗り込んで盗みを働いた。マーシャル諸島共和国のケミカルタンカー・ケープバード号が、二〇〇五年一月一一日、キングストンの沖合を航行していたとき、泥棒たちが甲板によじ登ってきた。二〇〇五年五月二四日、コンテナ船スタッツキール号はキングストンの外側の投錨地に停泊していた。五人組のやくざが船上に登ってきて、ナイフの先で当直の船員を脅し、彼を縛り上げた。船員は縄をほどいて警報を鳴らした。侵入した連中はしかし、一個のコンテナのロックを壊し部屋に入ろうとした。最後には、連中は当直船員の私物を盗むだけで満足して消えた。少なくとも、三度の押し込み強盗が、船員の注意深い見張りのおかげで失敗に終わっている。船員たちは、ときには幅広短剣や鉄棒、そしてなんと鎌（かま）で武装した訪問者たちを追い払った。あるコンテナ船の船長は、四人組の泥棒を追い払った後で、錨を揚げて投錨区域を離れるほうがいいと考えた。

ドミニカ共和国は、二年間で三回の海賊事件しか経験していない。それらは一つも成功しなかった。第一の事件は、二〇〇四年六月一四日、バハマのばら積み貨物船クリッパービューフォート号が、プエルトプラタ〔ドミニカ島北部の主要港湾都市〕に停泊しているときに起こった。六人の幅広短剣をもった強盗が午前一時三〇分に乗り込んできた。乗組員がキャビンの扉を封鎖して、侵入者たちを追い払い、強盗たちは水中に飛び込み逃げ去った。しかし、彼らは翌日午前一時にふたたびやって来た。そしてまたしても、乗組員たちが彼らを手ぶらで引き返させたのだ。一二月三一日の夜も同様だった。イギリスのＬＮＧタンカー・サフォーク号は、リオハイナの石油ターミナルのブイに係留していた。毎年のことだが、乗組員たちは新年の祝いを楽しくやっていた。二人の悪者は、たぶんこの大いに酒を飲むレベイヨン〔クリスマスイブや大晦日などの夜食〕のあとでは、乗組員の警戒が緩むのではないかと期待したのであろう。午前三時三〇分、幅広短剣をもって二人組が船に上がってきた。しかし、当直の船員はぱっちり目を覚ましていた。彼は警報を鳴らした。二人組の一人は船縁を飛び越えて飛び込んだ。もう一人はナイフで甲板士を脅し、それから自分も水に飛び込んだ。つぎも失敗例だが、短刀をもった二人の男が、二〇〇五年一月一九日午前一時三五分に石油タンカー・アスファルトビクトリー号の甲板に登ってきた。当直の船員が警報を鳴らすと船縁から飛び込んだ。

ハイチを支配する混乱した政治情勢、度重なるクーデター、無政府状態、貧困、これらの事態は、毎年襲来するサイクロンによる自然の大災害でますます悪くなる。これらはまた、島の主要港でもある首都ポルトープランスに寄港しなければならない船員が背負うリスクでもある。そんな状況の中、マルタの貨物船イースタンシー号に、二〇〇四年六月二八日、停泊中に武器をもつ八人の海賊どもが忍び込んだ。連中は盗んでいるところを見つかり、マチューテで船員の一人を脅し、逃げ失せた。さらに暴力的だったのは、九月七日にミラゴアーネ港の前に投錨していたパナマの貨物船フロリダスターI号で暴れた凶暴な連中だ。銃で武装した彼らは船長に向けて発砲し、船員たちを銃で脅して、機材を奪うのに成功した。同じく盗難事件が、二〇〇五年四月二八日、冷凍貨物船ジューンB号で発生。その前夜には別の船でも発生した。

他方では、ナイフをもった海賊四人が、二〇〇四年一月二七日、四爪錨とロープの助けで、ポルトープランスの前に投錨していたコンテナ船パルッカ号の船上に登ってきたが、獲物を手に入れることができなかった。同じく、一〇月一六日と一八日の二度にわたって、これもポルトープランスに停泊中のリベリアの貨物船セナトール号の船員たちが、船に忍び込んだ泥棒たちを手ぶらで追い返した。同じく強盗挫折の例。二〇〇五年五月五日、一隻のばら積み船を襲撃した連中は、ナイフはもっていたのになにも盗れずに追っ払われた。

胸を揺すぶられたのは、二〇〇四年二月二三日午前二時半に起こった事件だ。カイマン諸島の船籍のコンテナ運搬船トランスファー号はポルトープランスのF投錨地に停泊中だった。一艘のボートが近づき、男が一人だけ船に登ってきた。マチューテをもった二人がボートに残ったが、彼らは船員に石つぶてと金属の破片を投げつけてきた。警備士が警報を鳴らし、乗組員たちが集まり、三人のハイチ人は逃げ去った。

ここでの襲撃は、実際には素手で、貧弱な小舟を使って行われる。世界のその他の場所で暴れまくる、強力に組織され十分な武器を備えたギャングたちの大襲撃とはまったく違うものだ。ここでの襲撃は同情を誘うものがある。貧しい人びとが怒りや絶望に駆られて、たぶん空腹で死にたくないというだけの理由で、過激な行為に走らざるを得なくなるのだ。

彼らにとっては、一隻の商船は欲しいものが手の届くところにある栄華の小島だ。その積み荷、高価な航海機器、その設備、貯蔵庫の食料品、そして栄養が足りた船員たちを乗せる船は、この国の飢えた人びとにとっては、抑えることができない誘惑をかき立てるものなのだ。

9 狙われるヨット

レジャー用のヨットは、世界中でますますその数が増えているが、海賊が襲いやすい獲物になっている。低い乾舷は接近が容易だ。しばしば間違っているのだが、襲撃する連中はつぎのように想像する。すなわち、ヨットの所有者は金持ちだ、船内には数百ドル、いや数千ドルをもっているに違いない。機材、航海用機器、ラジオ、カメラ、撮影機、双眼鏡、時計などなどはもちろんのことだと。

しかし、ヨット乗りによって公表された海賊行為の数は比較的少ない。たぶんそれは、彼らが自分たちの不幸な出来事を、士官だけが集まる部屋の親しさの中で、あるいは外国の港の事情をよく知っている人たちの間だけで交わされる話のときだけに語るという、被害者の用心深さからくるものだ。

何人かのヨットマンの中には、危険な海域では数隻の船を伴走させれば安全を確保することができると考える者もいる。そんなことがいつもできるわけではないことは、おわかりだろう。

やや旧聞に属するが、二つの目撃証言がある。これらは、直接聞けるという点が貴重だ。最初のものは友人のパトリックから聞いた話だ。

《一九九五年に、ロジェ（船の持ち主）とダニエルと僕は、一緒にギュスティーⅢ号の船上にいた。マラッカ海峡の出口で、僕らはこの辺りの海賊のことを思い出した。ロジェは少し前からこの地域にいたのだが、僕らに言った。「事実上、すべての船乗りは襲われる。実際、私などは数回もやられた。連中はやって来る、そしてなんどかはまずいことになる。船をよく追いかけてくるのは仕事のない漁師で、奴らは試しているんだ。だれもイラつかなければ、大抵はドル紙幣で片がつく」》

《帰りに、マレーシアから二〇〇か三〇〇マイルの所で、二〇メートルくらいの強力エンジンをつけた漁船に一五人ほどの男が乗って、僕らのほうにやって来た。僕らは船長の指示に従った。それは三〇分から四五分ほど続いた。僕は隠れるわけでもなく、船の中にいた。ロジェは議論していた。ダニエルはちょっと笑いながら、足で漁船を押し返していた。一瞬たりとも針路と速度を変えることはなかった。僕らは魚をちょっと高い値段で買った。それから、連中は去っていった。》

《それより一カ月前に、ヨット乗りの夫婦が海賊の訪問を受けた。亭主は眠っていて、女房が舵を取っていた。漁船は横付けしようとした。女房はジャイブ〔帆船が後方から風を受けて帆走中、帆を一方の舷から他方の舷に移すこと〕した。亭主が目を覚まして甲板に上がってきたとき、女房は武器をとるために船室に降りていった。そしてまた姿を見せたときに彼女は撃ち殺された。》

もう一人別のフランス人のヨット乗りの話である。

《僕らはウングジャ（ザンジバル）島の錨地で襲われた。紅海を下ってから南イエメンに滞在した。辺鄙な錨地であったが、そこでの住民との関係はとても友好的だった。僕らは北東の季節風を利用してケニア（歴史の街ラムからリゾート地キリフィに至る海路）に向かった。ウングジャ島の北側のペンバ島に寄港した。これらの二つの島はザンジバル列島を形成している。首都ザンジバルはウングジャ島にあるが、首都の名前を島の名前にした。そこには、僕らだけしかいなかった。二度ほどチャーター帆船を見かけた。僕らはペンバ島の北側にある小さな村を訪ねた。そこの住民は、僕らがザンジバルに行くのを止めさせようとした。人びとは意地が悪く、そして非常に危険だった。僕らは、その原因をショービニスム〔ある社会集団に生じる、他の社会集団に対する狂信的な自己中心的・敵対的心理状態〕によるものと考えた。》

《僕らは航海をつづけ、ザンジバルの街の前に投錨した。そこに数日間留まり、浜辺の漁師たちとすっかり打ち解けた。彼らは僕らの補助ボートを見張っていてくれた。すべては順調だった。》

《僕らはその錨地にいた唯一のヨットだった。僕らの船デシベル号は、海のグレイハウンド・シリーズの一つだが、船尾に大きなスカートがあって、それが直接コックピットにつながっている。つまり、音を立てずに船に乗ることが実に簡単だ。投錨中の多くの船と同じように、ジネットと僕はサロンで眠っていた。昇降口は開いていた。一九九七年三月の一〇日から一一日にかけての夜三時ころ、僕らは突然、目の前に松明(たいまつ)を突きつけられて目が覚めた。喉にナイフの刃を感じた。「ドル！ドル！」僕はぼんやりと別のアフリカ人たちが昇降口にいるのを見た。妻の目の前にも、松明を突きつけている奴がいた。そこで、僕らのカネがどこにあるのかを聞き出すための詰問がはじまった。ジネットは腿をナイフの刃身で叩かれた。彼女は泣いて、叫び声を上げた。僕はなんにも抵抗できなかったことが恥ずかしい。僕は彼女に、身を守るために胸にクッションを当てるように言った。僕は、持っているドルは肩掛けカバンの中にある約三〇ドルとタンザニアシリング少々だけだと侵入した連中にわからせることができた。僕は奴らに銀行カードを見せた。「これで、僕はドルを銀行から引き出すんだ」。うまくいきそうだ！僕は奴らがイラついているように感じた。コックピットの中を動き回る音が聞こえた。奴らはハリヤード〔帆、旗などを上げ下げするロープ〕を切ってきて、それで僕らの手足を縛った。奴らはそれから一時間ほどいてから船を去った。すべてなくなっていた。衣類、履き物、航海の機器、永遠に失われたフィルムの入ったままのカメラ。奴らは、VHFは破壊したが、アマチュア無線機には手を触れなかった。それを警報機と思ったのだろう。連中は去った。完全な静寂。僕は、皮膚を擦りむきながら、縛られたロープを外すことができた。僕は、切断されたハリヤードやシート〔帆脚綱。帆の耳を張るための綱〕を眺めた。悪夢を見たのではないかと思った。しかし、補助ボートがなくなっているのに気がつき、現実に引き戻された。》

《その日、ユネスコで働いていたフランス女性の助けで、現地の警察に行き、そこで保険申請用の書類をもらうためにクレームを申し立てようとしていた。僕たちに会ってくれた人物の最初の忠告はつぎのようなものだった。「皆さんは、その海賊たちを覚えているかどうかを聞かれると思う。絶対に言ってはいけない！『ノン』と言いなさい。この街では誰がやったかはみんな知っている。だから危険なんだ」》

《僕は船を修繕するためにフランスに機材を注文した。ジネットは意気消沈してフランスに戻り、僕はここで一カ月以上も動けなくなった。機材が届くと、解放された気分でただちに出帆した。ジネットは僕に合流するためにマダガスカルに来た。それからは、僕らは街から離れたところにある投錨地を避けた。もう一度出かけるとしたら、停泊中は甲板で暮らすように訓練され、ちょっとした物音でも吠えるような子犬を連れて行きたいと思う。六カ月経って、僕らが南アフリカに居たとき、ザンジバルの警察から一通の手紙を受け取った。内容は、補助ボートが見つかったので取りに来てほしいということだった……。》

これら二つの話では、ヨットを楽しむ人たちのリスクと海賊に襲われたことが原因のトラウマが述べられている。たぶん、アマチュアの船乗りたちには、世界のいくつかの地域は避けるほうがいいという忠告である。ただし、後述のように、すでに危険は多くの海に広がっているように思われる。

南シナ海の海岸は非常に魅力的なので多くのヨット乗りが頻繁に訪れるが、ここはつねに安全性が大いに疑わしい地域でもある。二〇〇六年のはじめだけで三隻のヨットが襲撃された。二月二一日午後八時、マレーシアのティオマン島〔マレー半島の東側、南シナ海にある島〕で一緒に停泊していたクマラ号とテンラージ号の船上でカネ、貴重品、機材などが盗まれた。三月二日、イギリスのヨット・セレニティー号はインドネシアの領海を航行していたとき、二艘の漁船に襲撃された。一艘は左舷から、もう一艘は船尾から接近しようとした。船長は船体を縦横に振り速度を増した。そして、漁船は諦めた。

タイのレジャー用のヨット・オクラ号が、二〇〇四年二月一九日、自国領海を航行中に二人組の海賊の犠牲になった。幅広短剣をもつ二人組は乗員のカネや金目のものを奪った。警察は、通報を受けてから四五分で来たが、泥棒たちはすでに逃げ去ったあとだった。

一艘のイギリスのヨット・アイドルバイスオブキップ号はインド洋のコモリン岬〔インド亜大陸最南端の岬〕の沖合を航行していたが、二〇〇六年四月二二日、一〇人以上の乗員を乗せた漁船に襲われ、貴重品と救命ボートを奪われたが、ボートは後日警察に回収された。ロケット信号弾を含む救命具キットがなくなっていた。

イエメンとアデン湾は評判が悪い。しかしながら、ＩＭＯ（国際海事機関）に記録された申告から判断する限りでは、この海域ではヨットは稀にしか事件に遭っていない。

ドイツのヨット・リリーマルレーン号は、二〇〇四年一二月一二日、アデン湾で二艘の小舟で来た海賊から発砲された。乗組員は遭難信号を発信した。ある戦艦のヘリコプターがそれを聞いて出動した。海賊は退散した。二艘のアメリカのヨット・マーディ号とガンデルフ号が安全を確保するため同航していた。二〇〇五年三月八日、二艘のヨットは、イエメンの沖合三〇マイルを進んでいた。二隻のスピードボートが接近してきて、その乗員がコックピットに向けて発砲した。ヨットマンの一人も応戦して、海賊に怪我を負わせた。ヨットの一つがボートに体当たりを食わせた。このようにひるまない男たちを前にして、海賊たちはついに諦めた。ヨットには着弾の跡と船体の損傷があった。ヨットマンたちはスピードボートの特徴などを提出したが、それによると長さが一〇メートル、青色で、船外機を付けていたとのことだ。

二〇〇六年二月一九日、一艘のフランスのヨットが、紅海のタウィーラ諸島のエンデバー港に停泊していた。朝の四時に四人の男が乗った一艘の漁船が横付けになった。盗賊たちはヨットの船外機を奪った。ヨットの乗員はそれを止めさせようとしたが、ボートフック〔船の接岸・離岸や魚などを引き揚げるときに使う鉤竿〕の尖端で邪魔され、エンジンは漁船に積み込まれた。

イギリスのヨット・アルコール号は、二〇〇四年六月二〇日、ソマリアのラスハーフーン岬の前で投錨しなければならなくなった。怪我をした乗組員の一人の手当てをするためだった。一艘の漁船が接近してきた。船に乗っている連中は友好的な様子に見えたが、突然銃を振り上げて発砲した。ヨットマンも反撃した。これで、襲撃してきた連中は遠ざかった。

しかし、とくにラテンアメリカではヨット乗りが危険に遭遇する。ニュージーランド人のピーター・ブレイクの殺人の状況とその関わりについては、次章で検討することにしよう。実際、アマゾン川は、ヨット乗りが訪れないほうがいい場所になっているのだ。ヨットマンの一人が、二〇〇五〜〇六年に大西洋一周旅行をして、ベレンとガイアナにまで行った。彼が語るには、

《俺たちは直接襲われたわけではないが、いつも用心はしていた。個人的には海賊の話を二回聞いたことがある。初めのは、俺たちが二〇〇五年一二月の最後の数日間と二〇〇六年一月のはじめにベレンにいたころだった。一隻の帆船がアマゾン川の支流に投錨していたが、漁師が乗った小舟が近づいてきて乗り込んできた。船長は、襲ってきた連中に向けて遭難信号弾を発射した。これで奴らは逃げ出した。昇降口のところにいた泥棒は信号弾で怪我をした。ブラジルにいるまた別の船の情報だと、ベレンでは現在はヨットが来るのを禁止しているそうだ。ブラジルの当局はリスクが大きすぎると判断しているのだ。》

《太陽の島々のラリー》という、二〇〇五年にフランスを出発した集団クルージングに参加したヨットが、護衛されて集団でアマゾン川をベレンまで遡った。

またブラジルでのことだが、ブジオス〔リオデジャネイロの東一八〇キロのリゾート地〕で、一艘のイギリスのヨット・チメラ号が二〇〇五年四月一一日、銃やピストル、ナイフなどで武装した海賊たちに、カネや書類、それに貴重品などをすべて奪われた。

さらに北部で、日本のヨット夢丸号が、二〇〇四年四月五日、コロンビアの沖を航行していたとき、八人の海賊を乗せた漁船の船嘴（せんし）で突かれた。そのうち五人が覆面をして、銃とナイフをもってヨットに乗り込み、二人の乗員を縛り、私物と高価な機器を盗み、それからその衝突した漁船は逃げ去った。

ヨット・ドリーム号は、二〇〇五年一〇月三〇日、サルバドル〔ブラジル東部の港湾都市〕に投錨していた。四人の武器をもった悪者が船に乗り込んで、キャビンのドアを壊した。ヨットの乗員はアラームを鳴らした。悪者たちは、彼らを待っていた漁船に引き返したが、慌てて逃げたのでマチューテを二本残していった。

ベネズエラはリスクの多い国になった。多くのヨットが夏の数カ月間をここで過ごすが、それは六月から一〇月までの期間、小アンティル諸島〔西インド諸島のうち東側に縦に弧を描いて並ぶ小島群のこと〕で吹き荒れるサイクロンを避けるためである。最近数カ年に起こった最もドラマチックな事件は、南アフリカのカタマラン船〔二個の船体を一体に繋いだ双胴船〕のジョーズドッグ号に関わることだった。二〇〇四年一月一〇日、この帆船は、水を欲しいという口実で一艘のスピードボートに接近された。突然、二人の男がこのカタマラン船に乗り込み、船長の頭のど真ん中に弾を撃ち込んで殺し、乗組員のカネと貴重品を略奪してから消えた。同じ年の二月二八日、フランスの帆船ミリアド号はプンタパルゴ〔ベネズエラ、カリアコ湾岸の街〕に停泊していたが、銃で武装した七人の海賊の訪問を受けた。船長はＶＨＦでＳＯＳ信号を送り、ロケット信号弾を撃った。海賊たちは銃撃してきた。間一髪で船長に当たるところだった。補助ボートを持ち去った。一カ月後、マルガリータ島〔ベネズエラ北部のカリブ海に面する島〕に投錨していたカナダのドリームウィーバーⅢ号の船上で盗まれたのは救命用ゴムボートの船外機であった。二〇〇五年五月一三日、カレネロ〔ベネズエラ北部の町〕の錨地にいた英領バージン諸島の船籍のカタマラン船マダム号は短刀と棍棒をもった二人組の強盗の舟に横付けされた。艇長は抵抗してひどい目にあった。悪者たちは機材を奪って、仲間の一人が待機していた舟に乗って消えた。カタマラン船の持ち主は遭難信号を送ったが、なんの支援も得られなかった。二〇〇六年四月二八日、オーストリアのヨット・エスカパダ号の乗員は一人だったが、五人の強盗が突然現れて発砲し、乗員は腹に負傷した。乗員は補助ボートでやっと逃げ出した。傷は外科医の手当てが必要だった。

二〇〇五年八月五日、ベネズエラのラグナグランデに停泊中のヨットの艇長は、真っ昼間に船の鉤柱に吊るしてあった補助ボートを奪おうとした三人の強盗を阻止しようとした。与太者たちは艇長にマチューテで襲いかかり、一人が船縁を飛び越えて飛び込み、もう一人の仲間が救命ゴムボートを下に降ろしていた。それでも、ヨットの艇長は自分の財産を守ろうとしたが重傷を負い、あとで病院に担ぎ込まれた。

ドミニックは医者で、アンティル諸島にはなんども滞在したことがある。曰く《僕は、二〇〇五年にアンティグア島〔カリブ海東部の島嶼国アンティグア・バーブーダ最大の島〕で、眠っている間に泥棒にやられた。しかし、こんなちょっとした盗みは、海賊行為なんて言えるだろうか。僕にはそうは思えない。それに対して、手に武器をもってやる海賊行為は、ベネズエラの慣習のように思える。このことを僕は、マルガリータ島のポルラマル〔マルガリータ島最大の都市〕で、浮き桟橋の端に座って通過する船の通関手続きをしている赤ら顔の人物が、先日僕のところに立ち寄ったときに確信した。彼が断言するところでは、二〇〇〇年以来ベネズエラの北部の投錨地では一〇人ほどの人が死んでいるという。》

ジャマイカでは、二〇〇五年一二月一六日、モンキービジネス号というヨットの持ち主は、文句を言うこともできなかった。五人のごろつきがボートで来て、彼に銃を突きつけ、たくさんの機材を奪っていったのだ。

大西洋を回ってきたヨット乗りが、ベレンで起きた出来事について、二〇〇六年の春にグレナディーン諸島〔カリブ海の島国セントビンセント・グレナディーンの一部〕での別の事件と比べながら話をした。一隻のスピードボートが、同じ晩に三つの違う島で三隻のレンタル船に接近して、乗員を脅して金品を奪って、たぶんベネズエラの方角に向かって逃げた。おそらく、襲った連中は、レンタルヨットの乗員たちが、自身の持ち物を守ろうとする船主よりも海賊と戦う意志が弱いことを狙って犯行に及んだのだ。

たとえ事件がヨットの保険記録に残されているに過ぎなくても、補助ボートと船外機の盗難は、いまや小アンティル諸島の災害の一つである。ヨット乗りは自分たちの救命ゴムボートを備え、鎖と南京錠を付けたエンジンを備え、これらを、投錨地にいるときには船上に揚げておかなければならない。こうした窃盗は、しかしながら、ほんものの海賊行為というよりは小犯罪の部類に入るものだ。

深刻な多くの事件の発生は、必然的につぎの質問につながる。すなわち、《武器を備えなければならないのか？》ヨット乗りの間では尽きない論争のタネだ。次章では、ピーター・ブレイクの死を通じてこのテーマを掘り下げてみよう。

10 海の男ピーター・ブレイクの殺害

二〇〇一年一二月六日、アマゾン川で殺されたピーター・ブレイクの事件は、その犠牲者の人物、悲劇の状況、それからこの事件が問いかけるさまざまな問題などによって人びとにショックを与えた。

赤茶がかった金髪の長髪で、濃い口ひげの長身のニュージーランド人、ピーター・ブレイクは、世界を驚かせた航海によって、神話のバイキングの姿を彷彿とさせた。すばらしい海の男であるブレイクは、帆船の歴史で最も輝かしい足跡を残した。彼はすべてのレースで優勝した。一九七九年の悲劇のファストネット〔ロレックス・ファストネットレースは、毎年多数のヨットが英ワイト島からアイルランド南西端の折り返し点ファストネットロックを目指す伝統的ヨットレースだが、一九七九年八月、このレースを暴風雨が襲い一五人が死亡する過去最悪の大惨事となった〕、ウィットブレッド世界一周レース、大型カタマラン船のジュール・ベルヌ杯〔八〇日以内の世界一周無寄港レース〕、アメリカズカップ〔一八五一年から現在まで続く国際ヨットレース。ブレイクは一九九五年にニュージーランドチームを優勝に導いた〕などなど。これらの功績により、女王は彼に爵位を授け、彼はサー・ピーター・ブレイクとなった。自らのためのすべてを手にしたこの立派な男はまた、すばらしい夫でもあった。彼はピパと結婚し、夫婦にはサラジェーンとジェイムズという二人の子供がいた。彼のイメージをさらに完成させるために述べれば、この競技を辞めてからは、彼は地球防衛のために身を捧げたのである。クストー〔ジャック＝イブ・クストー〈一九一〇～九七〉フランスの海中・海洋探検家でアクアラングの発明者〕隊長の仕事の継承を懇請された際に、ブレイクは彼自身の組織をまもなく創ろうとしていた。彼はつぎのように言っていた。《地球は青い惑星だ。そこでは、水の質が生活の質を決定する。》そこから、彼は結論する。《この美しく青い惑星をこのままの姿で残すためには、我々はなにかをしなければならない。そして、我々はその方向で支援を行う決意でいる。》

彼はことばを具体的な活動で示し、世論を喚起するために自分の名声を利用しようとして、アンタークチカ号を手に入れた。三六メートルのこのスクーナー〔マストが二本以上で縦帆があるヨット〕は、ジャン＝ルイ・エチエンヌ〔フランスの著名な医師で探検家。『白クマの嘆き』〈二〇〇二〉、『クリペルトン、地の果ての珊瑚礁』〈二〇〇五〉など著書多数〕のために建造されたもので、建築家ブーベとプチにより考案されたものだ。この船の船体は非常に平たく、厚いアルミニウムで造られ、氷中での航海という明確な目的に応えるものであった。こうして、この帆船はピーター・ブレイクのプロジェクトに完璧に適合していた。船はシーマスター号と命名された。その計画は、《地球の痛点に行くこと》である。

南極航海後に、北西の水路を通って北極の氷の中に出かけるという計画を立てていた。そのために、クルーは二挺の銃を積み込んだ。これは、白クマから身を守るためには必要なものだった。北極の海では、銃を携帯せずに陸上に降りることは禁止されていた。シーマスター号の船上では、二挺の火器があらかじめ準備されていて、ピーター・ブレイクのキャビンのドアの後ろに掛けられていた。

南極の後、シーマスター号はアマゾン川をマナウスまで遡った。その目的はネグロ川に進路を変え、ジャングル班のクルーを降ろして、彼らをまたオリノコ川（ベネズエラ）の河口で拾うためであった。この不運な探検の詳細のすべては、グレナ出版〔海洋・山岳関係や日本の翻訳漫画本などで知られるフランスの出版社〕から発行された伝記の中で明らかになった。著者はジャーナリストで船乗りのアラン・セフトンで、ピーター・ブレイクの友人だった。彼はブレイクのそばで、彼の数々の勝利に同行した。シーマスター号にも乗って彼とともに出かけた。私たちは、したがって、この直接の証人から悲劇がいかに展開したかを知ることができる。二〇〇一年九月二八日、ヨットはアマゾン川に入り、川を遡った。一一月五日、ピパは夫と合流し、ネグロ川の探検に同行した。一一月一五日、ジャングル班のクルーが降りた。シーマスター号はアマゾン川のほうに下るために引き返した。そして、一一月三〇日、マナウスに着いた。一二月五日、船はマカパにいた。この町の評判は悪い。《河のネズミ》と呼ばれる通過する船舶から盗みを働くコソ泥グループが出没していた。現地の人のアドバイスに従って、ブレイクはヨットを移動させ、川下数マイルの、ファゼンディンハという村の前に投錨した。そこならば目立たないと思ったからだ。川は濁っていて、空は薄暗かった。夕暮れ時、月が昇る前の暗闇が二時間半ほどつづいていた。

午後四時三〇分、三人の乗員とジャーナリストのマーク・スコットは、陸上で一杯やるために船を降りた。そのうちの一人のロバートソンが、誰か彼のカメラを持ってきてくれと頼んだ。そしてブレイクが合流した。船上にはそのとき、護送船船長、ロブ・ウォーリング、レオン・セフトン、ロビン・アレンしか残っていなかった。午後六時三〇分、全員が船に戻った。ピーター・ブレイクは元気いっぱいで、とてもくつろいでいた。乗員たちはサロンでビールを飲んだ。夜は非常に暗かった。しかし、音楽が素敵な雰囲気をつくり出していた。

午後一〇時一五分ころ、八人の男が船に入り込んだ。彼らは一〇メートルの舟で来て船尾から乗り込んだ。音楽と発電機の音で物音がかき消された。連中は甲板に張られていたシャワーのカーテンの裏側に突然現れた。彼らは目出し帽とバイク用ヘルメットで顔を隠していた。それぞれが一つか二つの銃をもっていた。ブレイクは、操縦室と甲板に通じている舷門〔船の上甲板の横、船縁にあってタラップをかけて昇降する出入り口〕のほうに移動した。《大変だ！》彼は歩きながらつぶやいた。船尾にいちばん近かったムーアは、最初の海賊と鉢合わせした。そして、海賊の顔にカセットを投げつけた。海賊は反撃し、持っていたピストルで顎を殴った。その他の乗員は右舷に押し戻され、カネや時計などを出すよう命じられていた。海賊の一人がロバートソンに武器を突きつけて、甲板の上で跪（ひざまず）くよう命令した。ロバートソンは抵抗しようとしたので、彼の仲間が止めさせた。料理人のパウロが通信室で助けを呼ぼうとしたが無駄だった。

　ブレイクは、急いで銃のあるキャビンに行った。セフトンは眠っていたが、甲板を歩き回る音で目が覚めた。彼はブレイクがキャビンに入ってくる音と、彼の後ろで扉が閉まる音を聞いた。セフトンが食堂を横切ったとき、武器をもったちんぴらが正面にいた。彼はセフトンに引き返すよう命じた。ブレイクは、銃を手にキャビンから出て、セフトンのこめかみにピストルを押しつけている覆面の海賊を見つけた。ブレイクは怒鳴りながら進んでいった。《そこから俺を撃ってみろ！》彼は自分の銃は向けなかった。海賊たちは、ブレイクに追われて階段に向かって突進した。食堂の中でセフトンは銃声を聞いた。いったんキャビンに避難してから、ブレイクを助けようと弾薬ケースをもってキャビンから出た。彼は、詰まって動かなくなった薬莢をはじき出そうとして、銃床を甲板にぶつけているブレイクを見た。ブレイクは彼に、逃げ道をつくっておくために船の前部に行って扇風機を止めてくれるように頼んだ。セフトンは従った。船尾ではまた銃撃戦の音が聞こえた。サロンを通って戻った。また銃声があった。それから静かになった。

　警察の調書によれば、ブレイクは最初の銃撃戦のときに海賊に二発命中させている。一発は右手のピストルの銃把(じゅうは)を砕いた。もう一発は腕だ。傷を負ったイサエル＝パニョーラ・ダコスタは二七歳の居住地指定の窃盗常習犯で、そのときには後退していた。もう一人の仮釈放中の強盗リカルド・

タバレスは二三歳で、頭を食堂に突っ込んで扱いにくい銃と格闘しているブレイクを見た。前に出て二発撃った。ブレイクは、背中に二発、肩胛骨に近い場所と胸の右側に食らった。海賊どもは、こんどはシーマスター号のゴムボートの一つに乗って、ヨットのほうに三発発砲してから逃げ去った。一発の銃弾がベルロックの肩胛骨をかすめていた。一四針の縫合が必要だった。ピーター・ブレイクを蘇生させようとする一時間にわたるあらゆる試みは、失敗に終わった。彼の死は、大動脈破裂によるほぼ即死だった。遺体は航空機でイギリスに運ばれた。

八人の強盗たちはマカパで裁判にかけられた。タバレスは三六年の禁固重労働だったが、上告して三二年に減刑された。ダコスタは三五年が三〇年に減刑。残りの六人は全部加えると三五年の禁固刑となった。

イギリスの検死官は、この惨劇の犠牲者に敬意を表して述べた。《あの夜、サー・ピーターは、すばらしい勇気をもって、身もすくむような恐ろしい状況の中で、乗組員と船を守ろうとした。まさに偉大なる人である。》

勇敢だったが、彼は死んだ。

この偉大な船乗りを愛し、褒め称えたすべての人びとの悲しみを前にして、あえて意見を述べるのは難しい。あとからいろいろ言うことは意味がないし、あやふやな仮定を積み上げることも失礼だ。ただ我々にとって必要なのは、この悲劇を詳しく再現して、一般論として、それが起こったさまざまな状況とかそれらの偶然の展開などから見て、はたして船上での銃器の所持が必要かどうかの問題を考えてみることである。

海賊に襲われた商船の場合、乗組員による銃器の使用についてはあまり言及されていないと思われる。ヨット乗りの場合だけが、武器をもつかどうかを自分の意志で決めなければならない。ヨットを標的にした海賊行為の場合には、しばしばヨットの持ち主たちは、乗り込んで来ようとする悪者たちに発砲して近寄らせないようにするのだ。前章で述べたケースでは、銃を振り上げてキャビンから出てきた妻は、非情にも撃ち殺されてしまった。似たようないくつかの悲劇が起こっている。最も有名なものの一つは、ホロ島〔ボルネオ島とミンダナオ島の間にあるスル諸島のうちのフィリピン領の火山島〕の海で一九七九年九月三〇日、ヨット乗りピーター・タングバルトが被害に遭った事件である。一艘のモーターボートが彼の船に追いついてきて乗船の意志を示した。妻のリンディアは威嚇射撃をしようという考えだった。彼女の夫は、外に出て銃の撃鉄を起こす時間はないと思った。最悪の場合、もしそれが海賊ならば、無駄な抵抗をしないで連中が望むものを奪わせるままにするしかない。しかし、リンディアは銃をとって海賊たちの頭上に向けて発砲し、海賊も反撃した。致命傷を受けた若い女性は海に落ちて、彼女の血で海が染まった。ピーター・タングバルトは銃で狙われ、撃ち殺されると覚悟した。息子のトマスが彼に身体をすり寄せてきた。海賊は銃を下ろし、ピーターのカネと銃を奪い、生き残った二人の命は取らなかった。それから数年して、このヨット乗りはチュニジアで別の襲撃の犠牲になり略奪されたが、襲撃者たちに手荒く抵抗することはしなかった。

同じころ、フランスの海洋出版社から出た私たちの『大クルージング・ガイド』の中で、私の妻と私がカナリア諸島で、レイとシャーリーという世界一周を終えたアメリカ人の夫婦と会ったことを書いた。スマトラ島の前を帆船に乗った海賊に追いかけられたが、夫妻はエンジンを使って風に逆らって、夜になってからはレーダーを使って走り、入り江の中に隠れた。追跡していた連中は、彼らの船に気づかずに通り過ぎた。

フランスの船乗りバンサン・グディは、アルバン・ミシェル出版社発行の『バガボン船長（Cap'tain Vagabond）』のように、自らの冒険談をいくつかの書物の中で語っている。彼は、海賊が背中から撃った一発の銃弾で親友リシャールを失ったけれど、評判の悪いホロ島の沖合でスル海の海賊どもの間を縫って船を走らせるのを怖れるなと言う。ただし言っておかなければならないのは、グディは、非常に古い、百年ほど前に建造した、かなり傷んでいる帆船の舵を握っているということだ。その船があまりにみすぼらしい姿なので、たいていの海賊は襲うのを遠慮してしまうのだ。親切な長文の手紙の中で、バンサンは東南アジアを訪問することを勧め、安心して行ける島々や避けるほうがいい島々などについてのアドバイスをくれた。

フランス・ギランは、一七メートルのケッチ〔二本マストに縦帆を張った小帆船〕の舵を取っているが、娘たちと一緒に東南アジアを航海していた。彼女が、アルトー出版社から出した『船上の女性たち』の中で、フィリピンのある入り江への不思議な寄港、見事に守られた小さな港の中で海から隠れた錨地での停泊について語っている。そこには大きな二艘組みカヌーがすでにあって、浜辺に半分ほど乗り上げていた。フランスと彼女の娘たちはそこである家族全員から歓迎を受け、大勢の子供たちと一緒に、コメやその日に捕った魚などを分け合って食べた。食事、音楽、ダンスなど、母親がタヒチ人の若いフランスはすっかり気に入った。それから、首長が彼女にアドバイスをした。《自分たちだけで、こんな風な人里離れた入り江に行ってはいけないよ。危険だからね。》

彼女は笑って訊いた。《海賊でもいるのかしら？》その答えは、身の毛がよだつものだった。《海賊、そりゃ俺たちだよ。》カヌーの中で、首長は彼女に武器や大型エンジンや盗んだラジオ受信機などを見せてくれた。彼女は結論に達した。つまり、その晩は、彼らは略奪品の分け前を手にしたので、彼女たちを襲わないことに決めていたのだと。

私たちが世界一周に出発したとき、世間知らずかそれとも楽天主義からか、私たちの唯一の武器は催涙ガスのスプレーだけだ。あまり役に立たない護身用の代物で、酔っぱらいや来てほしくない客などを追っ払うのにまさにうってつけだ。私たちはまた消火器を使うことも考えている。たぶん私たちの判断は間違っていたと思うのだが、友人グディの勧めにもかかわらず、東南アジアで危険な目に遭わないために、私たちはニューカレドニアへの二回目の周航を途中でやめた。

ベレンから戻ったときに、ペンフレンドの一人が、船上での武器の所持が提起する問題について別の視点からの意見を上手に書いて送ってくれた。

すなわち《私は、数回の旅行だけから得られた最近の経験と、そして三〇歳という私の年齢から来る未熟さという保留条件の下で、あえて私の立場を申し上げたい。現在のところ、私は船に乗るときに武器をもっていません。》

《私は、武器をもつことは必要だと考えています。なぜならば、いくつかの場所ではルールがないからです。ブラジルではガイアナと同じように、たくさんの人が武器をもっています（例えば、ガイアナでは狩猟許可証は存在しない）。そして、新聞を読んだところでは、命の価値は世界のすべての国で同じではないのです。しかしながら、それを使うための十分なレベルの訓練なしに武器をもつことはさらに危険です。私は単に武器を扱うテクニックについて話しているのではありません。同じように、緊張状態での分析力、冷静さ、状況判断についてのことをお話ししているのです。自分を安心させるための武器の所持は重大な誤りであり、多くの場合、状況を悪くする危険性が大きいように思われます。肝心なことは、どういう時に武器を持ち出さなければならないかの判断を下すことができるか否かということです。その答えは、現在の私には難しいと思われます。》

船に乗るときに武器をもつか否か？　問題の一つは、大部分の寄港地で武器を申告しなければならないことだ。このことがさまざまな困難を引き起こす。それを隠したままでおくならば、もし発見された場合には深刻な結果を引き起こす。しかしもし武器をあまりに上手に隠せば、いざという時に役に立たない。この問題は個人的な判断の問題であり、こうだという断定は下せない。もう一つの考慮すべきテーマは、前章で述べたグレナディーン諸島で起こったことで、その被害者がレンタル船の乗員であった海賊事件だ。ヨットの所有者の場合は、船がその人の唯一の財産であり、非常に愛着を注いでいることが多いので、どうしても船を守ろうとする傾向がある。

最終的には、海賊とは、それと戦う方法も阻む手段もない、避けることのできない宿命のようなものと考えなければならないのだろうか？

11　予防策、抑止力はあるのか

海はすばらしい。しかし、仕事のため、愛を育むため、あるいはレジャーのために海に出かける人びとにとっては、数々の危険を覚悟しなければならない。暴風雨、サイクロン、台風、津波、霧、衝突事故、火災、浸水、座礁、転覆、遭難、海への転落などは航海に避けられないリスクである。避けられない危険の一つに海賊も加えなければならないのだろうか？

海賊行為をどうしても許すことができないのならば、この海のならず者たちと戦う手段をもたなければならない。そのために、いくつかの組織が設立された。第一にＩＭＯ（国際海事機構）は国連に所属する機関であり、ＩＭＢ（国際海事局）は国際商業会議所により創設されて船主と保険会社から資金を受けており、マレーシア・クアラルンプールには現地情報収集のための海賊情報センター（前述、三八ページ）がある。東南アジアとベンガル湾の大部分の沿岸諸国では、沿岸警備艇や巡視艇の艦隊を備えた海事警察が活躍している。西側諸国もそれぞれの戦艦を使って、物質的ならびに技術的な支援をしている。《不朽の自由作戦》（九三ページ訳注参照）は、インド洋での戦艦の数を増大させた。

すでに見たように、フランス政府は紅海とアデン湾に、《自発的監視海域》を新たに設けた。二〇〇五年には、フランスの軍港ブレストに情報の収集、活用、発信などの使命をもつＣＲＭ（海軍情報センター）を設置した（一〇四ページ参照）。一二〇人から成るこの組織は二四時間休みなしで、そのコンピューターで、全世界の船舶の動向、とくに世界のすべての船舶のうちで一万から一万五〇〇〇隻を占める軍用艦の動きを追っているのだ。このセンターの活動はまた、商業用の船舶にも及ぶ。《船主が我々に、彼の船のいる場所を知らせれば、我々はその船が航行している海域の港湾や航行の安全性などの情報を提供する》と、一人の海軍士官が『水兵』〔フランス海軍の週刊誌 "Cols Bleus"〕掲載の記事の中で説明している。フォトモンという名前のデータベースは、世界中を動き回っている一三万隻の商船の調査リストを作成し、その航路を追跡し、それによりすべてのシージャックを探知することを目指している。

二〇〇五年春に、ＭＭＥＡ（マレーシア海上法令執行庁）は、一一月に二〇隻の船舶と巡視艇を持つ予定であると発表した。マレーシア首相は、さまざまな機関、すなわち警察、税関、漁業省、海軍などから支給された七二隻の船がまもなく実動すると発表した。さらに二五隻が配置されることになっている。

バングラデシュでは、チッタゴンで発生する略奪事件と戦うために自動識別システムが設置され、すべての船舶の動きを監視し、もしある船が識別を拒んだり、偽の識別結果が出た場合には沿岸警備艇に通報することができる。

さまざまな勧告と新設のシステムで、襲撃を回避させ、海賊から遠ざけることができる。船長たちも経験を積んできて、乗組員たちを教育している。何項目かの処置が奨励されている。船が航行しているとき、大事なことは、夜間にはとくに見張りを増やし、安全性の確保ができれば照明はできるだけ暗くしてレーダーを使用し、疑わしい場合には離れることだ。疑わしいボートの動きをできるだけ早く察知することが必要だ。あらゆるスピードボート、強力なエンジンを付けたすべての漁船が、不規則な航路をとっているとき、商船と並行して走っているとき、とくに船尾から接近してきたときには疑わしい。襲撃を予防するために、船長は針路の変更と、とくに速度を上げることを命ずることができる。一八ノットを超えると船の航跡によって追跡と襲撃は事実上できなくなる。同じく、びっくり効果を狙うこと、突然甲板の照明を点けること、接近しようとするボートに投光器を向けること、消火ポンプの放水銃を使って水を噴射すること、強力な音響信号（サイレン、ブザー、クラクションなど）を使うことが勧められる。

重要なことは、四爪錨などを使って船に投げ込まれたロープを切断して、強盗たちが乗り込んでこないようにすること、あるいはもしすでに彼らが甲板に乗り込んでいたら、あらゆる入り口、ハッチ、ドアなどを封鎖すること、乗組員が避難する安全区域を準備しておくことなどである。危険地帯に頻繁に出入りする多くの船では、ガラスの破壊と窓からの侵入を防ぐためにガラス窓に格子をはめてある。無線で通報装置が始動するようにすれば、巡視艇や沿岸警備艇の助けを得ることができる。

港でも錨地でも警備を二倍にして、巡回を増やし、コソ泥たちの手の届くところにはなにも置かないようにすること、以上のことは言うは易く行うは難しである。ある船長が語っているが、彼は大型犬を訓練していたが、ある夜その犬が吠えるのを聞いたあとで口の中にジーンズの切れ端をくわえているのを見つけた。管理が行き届いている船上では、航海士が当直に当たり、船が追われてないか、小舟が疑わしいやり方で近づいてきていないか、などをレーダーで見張っている。困るのは、レーダーが、盗賊たちが使用する木製の小さなボートをしばしば発見できないことだ。放水銃をいつでも使えるようにしておくのと、場合によっては投光器を並べて、甲板をいつも明るくしておくのが賢明だ。

パトリック・ルカルベ船長は、つぎのように語っている。《大型石油タンカーの船長でフランス船長協会Afcan〔会員である船長たちの権利と利益を代表し守る目的で一九七九年に設立〕のメンバーである私は、幸いにも、荷物を積んでマラッカ海峡と南シナ海の南側を航行中に夜間なんどか襲われそうになった経験しかない。この海域でのリスクの管理は、照明を使って水面を監視すること、船尾の部分に消火ホースを設置することなどだが、これは接舷を困難にするためと、海賊たちのやる気を失わせて奴らを別の標的に向かわせるためだ。一五ノットで航行中の積載した石油タンカーの船尾から接舷するのはかなり容易だ。六〜七人を乗せ、強力な船外機で推進する小型ボートは、航跡の中を急速に接近し、四爪錨や竹製のはしごを使って乗り込んでくる。海賊の襲撃を接近時に発見できれば、投光器で照らすことで諦めさせることができる。よく狙われる標的は、六ノットではしけ船を曳いているタグボートだ。》

いずれにせよ、ヒーローを演じないほうがいい。海賊の多くは私たちとは違う死生観を持っている。私たちは、生命よりも時計一個や何ドルかのカネを失うほうがよいのだ。人質を取られたときには上手に交渉を進めることだ。

最後に、海賊行為のすべてに関する報告書があれば、当局は海賊どもを探し出し、その首謀者を逮捕することに役立つだろう。首謀者たちがいつも極刑を免れているわけではない。一九九八年、一三人の中国人の海賊が台湾沖で香港の貨物船チャンソン号に乗り込んで、二三人の乗組員を船縁から海中に投げ込み、船は三〇万ドルで売り払った。彼らは逮捕され、死刑判決を受け、執行された。つぎの年、チュー・チャン・カットの名前で出没していたＭ・ウォンはシンガポールのパスポートを持っていて五六歳だったが、免税地区であるバタム島〔シンガポールから約二〇キロのインドネシア領の島。ＦＴＺ〈自由貿易地区〉〕のホテルで逮捕され、重労働禁固六年の刑を受けた。彼は、自分の持ち船のプラウマス号から仕事をしていたのだが、その船でインドネシア海軍が、銃器、覆面、船を乗っ取り塗り直すためのすべての機材、偽書類作成のための印判などを発見した。この男は二〇隻ほどの船舶の失踪に関わっていたと思われる。積み荷と船は中国で売却されたらしい。

マレーシアでは、ペンゲラン〔シンガポールの東側、マレー半島先端の地区〕水域で漁師を恐怖に陥れ、商船から略奪を働いた嫌疑を掛けられた七人のインドネシア人の海賊が、二〇〇五年四月二一日、海上警察により逮捕され、禁固六年と棒打ち七回の刑に処せられた。一方、タイ海軍は、一隻の漁船をシージャックしようとした、武器を十分備えた五人のインドネシア人海賊を逮捕した。

海賊の乗船と船のハイジャックと戦うために推奨されている装置の一つはシッププロックだ。ほとんど邪魔にならないし高価でもない。月額七〇ドルでリースできて、防水の目立たない箱型容器の中に、平型のアンテナ、アルゴス電波標識〔アルゴスは、仏米の協力で開発された衛星を利用して地球環境データを収集するシステム。電波標識からのデータ受信と同時にその位置を特定できる〕、ＧＰＳ、発信器が入っている。警報ボタン一つで船主と海事当局に警報信号が送られる。この信号は、船上にいる人や近くにいる船には探知できない。

シップロックは、その有効性をなんども証明してきた。あるタグボートとはしけ船が海賊に乗り込まれ、ハイジャックされたが、この装置のおかげで追跡され、三六時間以内で取り戻された。別のタグボート・サーヤワイラI号は、シンガポールを二日前に、二五メートルのはしけ船を曳いて出発した。はしけ船には四二〇〇トンの石炭が積まれていた。このタグボートは、ハイジャックされてから数時間以内にクアラルンプールの海賊情報センターに通報することができた。二〇〇四年一二月一〇日、一〇人の海賊がタグボートを銃撃し、乗り込み、曳舟用ロープを切断した。はしけ船は、明かりも乗組員もなく漂流をはじめ、船舶航行の危険物となった。シップロックのシステムにより、二隻の船団のルムト〔マレーシア西部の港湾都市〕への初期航路が変更されて、タグボートは、カリマタ海峡〔ボルネオ島とカリマンタン島の間の海峡〕のほうに向かっていることが示された。この情報はただちにインドネシア海軍に伝えられ、インドネシア海軍はそれをすぐ近くにいた二隻の巡視艇に伝え、軍のその他の船舶と航空機にも警報を発した。結局、航空機二機と船舶二隻がサーヤワイラ号の捜索に投入されたが、この船は二四時間以内に発見された。ただし、船はこの短い時間の間に船名を変えられ、船体の色も白から青に塗り替えられていたのだ。威嚇射撃があり、船内にいた四人の海賊はただちに従った。別の六人は、スマトラ島の南側に九人の乗組員を降ろしてからスピードボートで逃亡した。海軍はタグボートをジャカルタに安全に導いた。はしけ船は、これもシップロックを備えていたので、位置が判明し、タグボートが派遣されてこの船をバタム島〔シンガポールの南海域、インドネシア領リアウ諸島の島〕まで曳航した。

もう一つの装置はセキュアシップだ。船全体に電気フェンスを張って九〇〇〇ボルトの非致死性の電流を流し、投光照明を点け、強力なサイレンを鳴らす。このシステムは、引火性の積み荷を運搬する船舶には禁止されている。

津波が引き起こしたトラウマのあと、海賊行為が二〇〇五年三月初頭にマラッカ海峡でふたたび始まった。二週間で三隻の船が、自動小銃とロケットランチャーで武装した強盗たちに襲われた。四月五日、シンガポール近海で、視界を悪くするスコールから抜け出したところで一隻の船が七艘の小舟に囲まれていた。船長は《おも舵いっぱい！》を命じて襲撃を避けた。ただし、それはこの近くの海域では必ずしも安全とはいえない操舵であった。

安全保持のための各種企業がシンガポールで組織された。企業は、料金を支払えば、マラッカ海峡を通過する際に武装した船で護衛すると持ちかける。船主たちは原則として武装した人間を船に乗せることに反対である。このことは、多くの国の規定でも禁止されている。船舶の甲板は海戦にとって理想の場所ではない。しかしながら、武装した船で護送することで、この規定を迂回することはできる。合法であろうか？　自衛の限界はどこにあるのか？　多くの問題が未解決のまま残されている。

そこで、マレーシア王室海軍はマレーシア領海で、民営の資格で護衛を行う船舶を提供しているとのことだ。軍の参謀長は、カネで安全を買うこうしたやり方を禁止するよう指示した。首相はこのような護衛は必要ではないと明言した。曰く《マレーシアは、シンガポール、インドネシア、そしてマレーシアの沿岸諸国は、外部からの支援なく海峡の監視を行うことができると考えている。》外務大臣はさらに言う。《カネで雇われるこれらの船は、しばしば武器を十分備えている。我々は、これらの船がわが国の海軍の使命を超えた存在として海峡内にいることを受け入れることはできない。》

論戦はまだ終わっていない。それでもなお、安全性は改善されつつある。東南アジアとマラッカ海峡では、二〇〇四年だけで七五件の襲撃が未遂に終わった。すなわち、盗賊たちは手ぶらで逃亡せざるを得なかったのだ。多くの場合、奨励されるさまざまな方法の実践、船長の機転と手綱さばき、船員たちの十分な熱意と用心などがあれば、海賊の接近を防ぎ、彼らを追い払うのに十分である。しかし、その他の襲撃は失敗したとはいえ、下手をすれば惨劇となりかねない戦闘のあとのことであった。ときには、銃撃戦や恐ろしい暴力行為のあとで、彼らの襲撃が失敗に終わることもある。

以下では、二〇〇四年の間にさまざまな地域で失敗に終わった海賊行為の実例を述べてみよう。

五月三日、シンガポール船籍のプロダクトタンカー・オーシャンマンタ号はドゥマイ〔マラッカ海峡ルパト島の裏側、スマトラ島の東部にある港町〕の前に投錨していたが、マチューテをもった四人組の海賊に乗り込まれた。彼らは機械室に入り込み、二人の注油工を縛り上げ、貯蔵室のロックを壊した。しかし、一人の船員が警報を鳴らして、泥棒たちは退散した。船長が連絡を取った港湾事務所は待機するよう命じたが、港湾事務所へのその後のコールには返事がなかった。私たちはジャマイカで襲われたサターン号という船名のケミカルタンカーについて話したことがある。ここでは同名のコンテナ船のことをお話しする。この船は、九月六日、ジャカルタのプリオク港に停泊していた。二人の泥棒が午前二時にキャビンに入ろうとしたが、追い払われた。知らせを受けた沿岸警備隊がただちに船を派遣し、船員たちはタンカーを接岸位置まで誘導するはずの水先案内人の到着まで船上に残っていた。

パナマのＬＮＧタンカー・ガスフォーチュン号は、盗まれた品物を取り戻した。すなわち、一〇月三一日、木製のボートでやって来た一人のごろつきが救命ボートを盗んで海上に降ろした。警報を受けた乗組員が別の救命ランチを海に降ろして奪われたボートを取り戻し、ごろつきを追い払った。

香港の貨物船チュンホリン号は、母港の海域のラムマ島の近くを航行していて、五月二三日に襲われた。海賊どもは、七人の乗組員たちをむりやり海に飛び込ませた。船内に残っていた船員が発した遭難信号を警察がキャッチしてヘリコプターが急行した。悪人たちは逃げ去った。海中にいた船員たちは助け上げられた。貨物船が運んでいた四〇〇〇羽の鶏のモモ肉は一つも盗まれていなかった。

一月二日、海賊がしっぺ返しを食らった。つまり、二隻の明かりを消した船が、ケミカルタンカー・ディコハンナ号の左舷と右舷から接近して、乗組員の目を眩(くら)ませるために探照灯で照らした。船員たちも反撃して、自分たちの強力な投光器を襲撃者たちに向けたのだ。彼らはついに諦めたというわけだ。もう一つ別のケミカルタンカー・コーラルエスバーガー号はインドネシアのカリマタ海峡を進んでいた。四隻のスピードボートが突如現れ、一隻は右舷に、もう一隻は左舷に、残りの二隻は船尾にいた。その一隻はタンカーの行く手を遮り、もう一隻は右舷に横付けになろうとした。乗組員は投光器を向けた。これで、ボートの一つには銃で武装した一〇人の覆面の海賊たちがいるのがわかった。船長は船を操縦して、ボートが近寄らないようにした。ボートはタンカーを一時間も追っかけてから諦めた。

マラッカ海峡の北側で、二月一〇日、オーシャンサポート号は一隻のはしけ船を曳いていた。そのとき、自動小銃をもって漁船でやって来た海賊たちが銃撃してきた。タグボートの乗組員も照明弾などで応戦した。曳航ケーブルが切れ、はしけ船は座礁した。海賊どもは諦めて、アチェのほうに遠ざかった。タグボートははしけ船を取り戻したが、その甲板はひどい損傷を受けていた。

同じ海域で、たぶん同じ盗賊団に所属していると思われる八人組の海賊が、同じく漁船に乗って連射銃で武装して、三月一三日に石油タンカー・リンサ号に乗り込もうとした。乗組員たちは警報を鳴らし、船長は船を操縦して逃げようとした。しかし、海賊は銃撃した。前照灯、船室部分、救命ボートなどに被害が出たが、一五分後に退散した。

すでに述べたように、レーダーでの見張りと疑わしい船舶の探知は有効な予防策の一部である。四月二二日のこと、午前三時に、イギリスのばら積み貨物船ルカスタ号は、四・五マイル先に一隻の船のエコーを探知した。船は、はじめは動いていなかったが、六鏈（れん）〔錨鎖を利用した長さの単位で、一鏈＝約二〇〇メートル〕の距離まで接近してきて、ライトを消して貨物船を追いかけてきた。ルカスタ号では、乗組員が甲板に照明をつけ、消火用の放水銃を並べ、投光器をそのボートに向けた。ボートは遠ざかっていった。

五月一九日、別のイギリスのばら積み貨物船ブラザーグローリー号がマレーシアの港サンダカンに接岸中に、船によじ登ろうとした五人の男たちがいた。連中は乗組員たちの同情を引こうとした。追い払われた彼らはボートで遠ざかりながら叫んだ。《とっても貧乏、とっても貧乏！》と。

マラッカ海峡を航行中の北朝鮮の貨物船上で、銃弾で二人の船員が負傷した。スピードボートに乗った海賊たちが発砲したためだった。乗組員が警報を鳴らすと逃げ去った。

船員たちの警戒心を鈍らせるには、さまざまな方法が有効であるように思われる。シンガポールのタグボート・パシフィックワイバーン号はスル海を航行していたとき、一艘の漁船が近づいてきた。ユニフォームを着た三人の男は税関と沿岸警備隊に所属していると言い、乗船したいと言った。彼らのうちの一人は軍のロケットランチャーを所持していたが、フィリピン海軍の水兵がタグボートの上にいるのを見たとき、甲板の下に身を隠そうとした。海軍の水兵は男たちの乗船を拒絶した。偽の税関役人と沿岸警備兵は、二時間近くの話し合いののちに、彼らの漁船で帰っていった。

スピードボートに乗った覆面の六人の海賊が、インドネシアを航行していたタグボートとそのはけ船に乗り込もうとした。彼らは操縦が下手で、彼らのボートはタグボートと衝突し転覆した。タグボートはそのまま航行をつづけ、海に投げ出された海賊たちについては彼らの運命に任せた。危険なゲラサ海峡で、ノルウェーのばら積み貨物船ジョリタ号は、六人の海賊の銃撃を受けた。彼らはスピードボートで来て貨物船に停船を命じた。船長は警報を始動させ、サイレンを鳴らし、船を操縦した。これで襲撃しようとした連中は諦めた。

私たちはすでに、リベリア船籍のコンテナ船ロンドンタワー号が二〇〇五年九月二日に、ナイジェリアで海賊の被害に遭った話をした。この船は、この一年前の二〇〇四年一〇月二六日、マラッカ海峡の北の入り口で、黒装束のならず者たちを乗せた八隻の舟に四方八方から囲まれたが、乗組員たちの働きで退散させていた。船長はコンテナ船を巧みに操縦し速度を上げて、放水銃を並べて水を浴びせた。

　オランダのタグボート・スミツィジュスロンドン号は、マラッカ海峡の中を、マーシャル諸島共和国に登録されている石油プラットフォーム・オーシャンサバラン号を曳航していた。一一月三日、夜になって、この船団のあとを多くの漁船風の船が追いかけてきた。そのうちの一艘が射程距離に入って銃撃をはじめた。船の設備や船橋の窓、船楼にも損傷が出た。乗組員は投光器に明かりを入れ、放水銃を並べて噴射した。海賊どもは銃撃をつづけ、五〇メートルの所まで接近した。タグボートは逃げるための操縦を試み、そして海賊たちは遠ざかった。乗組員たちはこの事件で非常にショックを受けた。

　盗賊たちは、一二月八日、マレーシアのサンダカン港に接岸中のパナマのばら積み貨物船クリスティンパイサー号を標的に選んだ。彼らは変装して船員たちの警戒の目をごまかしたと思った。注油工と同じつなぎの作業服を着て似たようなヘルメットをかぶり、そんな妙な姿で錨鎖をよじ登ろうとした。甲板士が彼らに気がついて、警報を鳴らした。乗船しようとした者たちの唯一の逃げ道は海に飛び込むことだった。彼らを待っていたスピードボートに乗り、手ぶらで逃げ去った。

　スルタン治下の国オマーンの石油タンカー・アルシャハバ号の船員たちは、独特の抑止方法を使う。二〇〇六年六月四日、アラビア海を航行していたとき、この船はスピードボートで来た武装した三人の海賊に追いつかれた。ボートは二メートルに近づいて、友好的な会話をはじめた。船長は彼らの写真を撮った。そのとき、覆面の海賊の一人が発砲して、もうちょっとで船長に当たるところだった。乗組員は閉じこもり、すべての出入り口を封鎖した。襲撃しようとした連中は、写真を撮られたのを知って諦めた。

二〇〇六年から遡って二〇年の間に四〇〇〇件以上の海賊行為が公に記録された。最も件数が多かったのは二〇〇〇年の四六九件、二〇〇三年の四四五件、それから減少して二〇〇四年には三二九件、二〇〇五年に二七六件となる。海の安全は、インドネシア、マラッカ海峡、インドでは大幅な改善を見たが、バングラデシュ、ソマリア、アデン湾、ナイジェリアでは悪化した。二〇〇五年には一九九九年以来はじめて、一年間に記録された略奪行為の数は三〇〇件を下回った。

しかしながら、海賊行為が根絶に向かっていると考えるのはまだ早い。そのためには、沿岸諸国で政治的安定が根付くこと、貧困が消滅すること、さらに海軍や海事警察による監視態勢が強化されること、世界のいくつかの地域で海賊行為が国民的スポーツとは見なされなくなることなどが必要であろう。そうなれば、たぶん航海は、自然の猛威がもたらす海の怒りや海につきもののリスクだけに対処すればいい日がやってくるだろう……。

（二〇〇六年八月、サンマロにて）

【日本語版への補遺】

事態はもっと悪くなった

一日に六〇〇隻の船舶が通過するマラッカ海峡は、数世紀以前から海賊の名所の一つだった。しかしながら、ここでの襲撃は、年間で二〇〇四年に三七件であったのが一〇件以下に減った。その間、日本とアメリカの発案で沿岸警備の小船団が編成され、海峡を一日も休まずに昼夜の別なく縦横に航行している。

したがって、現在では海のやくざどもの襲撃が最も激しいのはソマリアの沖か、それほどは激しくはないがギニア湾と、そしてベネズエラである。

アデン湾では、毎日八〇隻以上の商船が通過する。そして、インド洋の西側では、暴力行為はソマリアで権力の座に就いていた独裁者モハメド・シアド・バーレの追放とともに一九九一年に始まった。ただちに無政府状態に陥った。内乱、地方の実力者間の争い、警察と政治権力の不在、貧困が残った。沿岸諸国はその機会を利用して、魚が非常に豊富なソマリアの領海で漁をしにやってきたり、有毒な廃棄物を海に捨てに来た。ソマリアの漁民は反発して、違反者を捕まえて、身代金と引き替えでなければ解放しなかった。この仕事は金銭面で興味深いことがわかって、このにわか仕立ての海賊たちは、事実上処罰されないのでますます大胆になった。捕獲した船の数はますます増加し、人質の拘禁は組織的になり、要求金額はいっそう高額になり、実施される手段はより大がかりになった。彼らは貨物船を奪い、それを国際協定で保護されている領海の沿岸近くに連れてきて投錨させ、身代金と交換でなければ船と乗組員は返さないというやり方をとる。年を経るごとに船と人質の料金はうなぎのぼりに上がり、二〇〇四年には数十万ドルであったものが数百万ドルになった。襲撃の回数も増え、二〇〇四年には一二回が翌年には四九回となった。増加率は二〇〇七年と二〇〇八年の間に一六〇パーセントに達し、平均身代金は一四〇万ドルであった。二〇〇九年の一月~九月で二三七隻の船舶が襲撃され、四七隻がハイジャックされた。四月には一三隻の船と二一三人の船員が海賊に不法に捕獲または拘禁された。

少し以前には、船長たちにはソマリア沿岸から三〇〇海里(五〇〇キロ)以上離れて航行するよう勧告されていた。最近、この勧告も時代遅れなものになった。海賊たちはいまや母船をもっていて、大型漁船やあるいは小型貨物船の姿に見せかけている。この船は、岸から一〇〇〇キロ以上離れた遠い沖合を巡回しながら、獲物を狙っている。獲物は、単独で航行し、接舷が容易で、速度がかなり遅く、あるいは高額な身代金が期待できそうな船だ。時が来ると、母船はスピードボートを海に降ろして、できるだけ船尾から攻撃を仕掛ける。海賊どもは、カラシニコフやロケットランチャーで強力に武装していて、ＧＰＳを持ち、衛星携帯電話で連絡をとっている。彼らはよじ登って乗船すると、船橋に侵入し、乗組員に沿岸のある村落の前に投錨するように命ずる。非常によく組織されたほんもののギャング団ができているのだ。ある海賊事業のスポンサーは、船一隻と武器の購入に一万から二万ドルを出資した。海賊たちには厳しい規律が求められる。彼らは儲けの半分を受け取る。出資者は三〇パーセントを取り、一五パーセントが人質に食べ物を与えた村人たちの取り分になるが、海賊の儲けはこうして貧しい住民たちの生活の助けになる。残りの五パーセントは殺されたり捕らえられている海賊の家族のために取っておかれる。交渉人と通訳のグループが組織されて、稼ぎの一部はタックスヘイブン（租税回避地）に預けられている。

二〇〇八年のはじめまでは、世論は海賊の事件を気にかけていなかった。メディアもたまにしか報道しなかったし、船主たちも、彼らの貨物船が海賊に襲われて被害に遭ったことには触れないようにしていた。理由は、船の借り主に不安を与えないためと、保険の掛け金をつり上げさせないためであった。それが、ヨーロッパでは、二〇〇八年四月のポナン号の乗っ取り事件ですっかり変わった。この一〇〇メートルの帆船は、三〇人の乗組員とともにデラックスな周遊旅行をしていた。この船はフランスの船会社ＣＭＡ　ＣＧＭ〔世界第三位、フランス最大のコンテナ船海運会社〕所有のもので、海賊に襲われたのはちょうどセイシェルと地中海の間を通過していた時であった。海賊どもは船をシージャックし、それをソマリアの北部に位置する半独立状態になっているプントランドの沿岸近くに連れていった。フランス大統領が指揮する取引がはじまった。戦艦が警戒態勢に入り、特別攻撃隊がジブチに派遣された。船と乗組員は取り戻すことができたが、身代金（二〇〇万ドルといわれている）が支払われた。乗組員の安全が確認された後で、フランスのヘリコプターが沿岸地域を飛んでいたところ一台の四輪駆動車を発見した。そのエンジンを撃ってクルマを止めた。人質を取った連中が逃げようとした。ヘリの一機が着陸し、突撃隊が六人の海賊を捕らえ、身代金の一部を回収した。この作戦はフランスのマスコミで広く報道された。

別の二隻のフランスの帆船がソマリア沖で海賊に乗り込まれたが、特別攻撃隊の助けで解放された。この第二のケースでは銃撃戦でタニット号の船長が死亡した。

同じ年の九月、ソマリア海賊がウクライナの貨物船ファイナ号をシージャックした。海賊たちは、貨物船の船内に武器の積み荷を発見した。ロケットランチャー、ミサイル、弾薬、砲弾、そしてとくに三三台の戦車があった。主にケニアの軍隊へ向けたものだったが、いくつかの情報によれば、スーダン向けであるとのことだった。ファイナ号はアメリカの戦艦三隻に包囲された。他方、海賊は二〇〇〇万ドルを要求した。貨物船は二〇〇九年二月一〇日になってやっと解放された。

その他の海賊事件の中でも目を引くものは、二〇〇八年一一月のシリウススター号のシージャック事件である。この三三〇メートル、三〇万トンのスーパータンカーは、サウジアンアラムコ・グループに所属し、沿岸から四五〇海里（約八四〇キロ）の海上を航行していた。海賊どもは、四爪錨を使って船によじ登り、船と二五名の乗組員をシージャックするのに一七分しかかからなかった。彼らは、船本体と二〇〇万バレルの積み荷を返すのに二五〇〇万ドルを要求した。五五日間にわたる交渉で、噂によると三〇〇万ドルの支払いと交換に船は解放されたとのことだ。

一年後の二〇〇九年一一月二九日、また別のギリシャ船籍のスーパータンカー・マランケンタウロス号が、海岸から一三〇〇キロの所で襲われた。海賊は沿岸からはるか離れた場所でも猛威を振るい、最大級の船舶でもためらわずに攻撃してくる。この巨大石油タンカーは、突出部を含めると全長三三二メートル、最大幅が五八メートルもある。このタイプの船舶が積み荷を満載すると、乾舷は短くなり、それが甲板への接近を容易にする。

セイシェルの海でクロマグロを獲っているマグロ漁船はその大部分がフランスのフィニステール〔フランス・ブルターニュ半島の先端にある県〕とスペインのバスク地方からやってくるが、これらの漁船にも手心は加えられない。そのうちの一隻であるフランス船籍のルドゥレネック号は、ロケットランチャーで攻撃された。別のマグロ漁船エスパニョルアラクラナ号はソマリアとセイシェルの中間で、三六人の乗組員とともに捕らえられ、モガディシュの北側三〇〇キロのハラデラ村の前に連れていかれた。ここは、もう一つのエイル村と並んで、ソマリア海賊の《首都》の一つである。これらの村落では三〇〇人もの人質が捕らわれていたことがある。四七日間の交渉ののち、スペインのマグロ漁船は二七〇万ユーロの金額と引き替えに返却された。

ソマリア海賊が二〇〇八年に手に入れた身代金は八〇〇〇万ドルと推計されている。飢餓に苦しむ人々を養うためばかりでなく、犯罪行為をつづけるためにもっと多くの武器とスピードボートを手に入れることができる正真正銘の大金である。

世界の最も交通量の多い海上ルートの一つを利用する数多くの船舶が犠牲となる災難と闘うには、どうしたらよいのか。のちに述べるように、商船の乗組員は海賊たちの活動を抑えるためのいくつかのテクニックを使っている。明らかに、それは十分とは言えず、関係諸国が一致して対応しなければならない。二〇〇八年六月二日、国連の安全保障理事会は第一八一六号決議を採択した。この決議は、戦艦が海賊を追跡するために領海を侵犯することを認可するものである。フランスのドービルでは、二〇〇八年一〇月一日と二日のEU（ヨーロッパ連合）の国防大臣会議で、海賊に対して海軍を動員する《アトランタ作戦》の開始が決まった。その他の国の海軍とも連携するイラクに対する《不朽の自由作戦》の戦艦とともに、現在では約三〇隻の戦艦が世界のこの地域を巡回している。一一隻はヨーロッパの戦艦で、その他はアメリカ、中国、日本、ロシア、シンガポール、韓国、パキスタン、サウジアラビアの戦艦である。加えて、二〇機のヘリコプター、三機のパトロール用航空機が投入されている。作戦基地はジブチ、アデン、ディエゴガルシア島〔イギリス所属のチャゴス諸島のなかの島。全島がアメリカに貸与され、インド洋でのアメリカ最大の海軍基地がある〕などに置かれている。海軍の特殊攻撃隊が、セイシェルに向かって航行していたポナン号や漁船などのいくつかの船に乗り込んだりする。フランスのトロール船が襲撃された際には、停船命令の威嚇射撃で海賊がトロール船を追跡するのを止めた。海賊がフランスの戦艦を、襲撃に好都合な貨物船と間違えてくれたときも同様だった。ラソンム号への襲撃では五人の海賊を捕らえることができた。ニボーズ号への襲撃では一二人の海賊を逮捕して、ケニアの警察に引き渡した。

　これらの海軍の展開は、しかしながらいぜんとして不十分である。マラッカ海峡での沿岸警備活動がうまくいっているのは、監視すべき海域が狭いからである。管理すべき海域がほぼ地中海と同じくらいに広いソマリアの場合を同列に扱うわけにはいかない。したがって、当局は、現地駐留の各国海軍間の相互連結情報システムを設置し、また通過する船の船団の編成を行っている。すなわち、この水域を通過する船舶は集団を作り、互いに守られているのだ。

　その結果は成功している。海賊による襲撃の成功率はますます低下している。ほんとうの解決策は、ソマリアに、安定した政治権力、警察、軍隊などを備えた法治国家が再建されることであろう。

現在実施中の措置の中に、ウガンダでのソマリア軍の養成がある。この軍隊は、この国に秩序を取り戻してくれることだろう。しかし、たどるべき道は長く困難である。

インド洋を覆っていた危険性は少しずつ薄れてはいるが、アフリカの反対側のギニア湾が船主や乗組員たちを不安にしている。治安の悪化は、とくにラゴスとアビジャンの両港で深刻である。二〇〇六年以来、武装グループがニジェールデルタで定期的に暴力を振るっている。石油部門の従業員を誘拐し、設備を襲撃し、妨害行為を行っている。例として、二〇〇八年と二〇〇九年の間に起こった二つの事件について述べる。第一の事件は、二〇〇八年一〇月にナイジェリアの沖合で起こった。被害に遭ったのはブルボン・グループ〔フランスの各種海洋サービス企業〕の船で、石油プラットフォームの固定、固定解除、曳航などに携わっている。海賊たちが乗り込んで、衣類や機材を盗んだ。怪我人は出なかった。

第二の事件は悲劇的で、二〇〇九年九月にベナンの沖で発生した。母港をモンロビアとする二三〇メートルの石油タンカー・カンカルスター号は、九月二三日から二四日にかけての夜間に六〜七人のコマンドの襲撃を受けた。彼らは銃撃し、機関長を殺し四人の船員に傷を負わせた。襲撃した連中はタンカーの金庫に保管されていたカネを奪って逃げ去った。彼らの一人のナイジェリア国籍の男が捕まった。ギニア湾での襲撃の頻度や激しさは、まだソマリア沖での襲撃事件の規模には至っていないとはいっても、今後は必ずや憂慮すべき事態になると思う。

世界のもう一つの地域が、そこをよく訪れる船乗りたちを不安な気持ちにさせている。ベネズエラの北部沿岸では、何件もの襲撃事件が発生している。二〇〇八年九月のように死者が出ることもある。いくつかの島や投錨地では、泥棒たちはヨットに乗り込み、船の持ち主を脅して金銭、機材、ゴムボート、船外機などを盗む。五月ごろには、小アンティル諸島で船を走らせている多くのヨット乗りたちがベネズエラに向かうが、これはサイクロンの季節に安全を確保するためである。ヨット乗りたちは、どこがリスクのない良い場所か、そうでない悪い場所かの情報を交換しあう。たぶんここでは、厳密な意味での海賊よりもコソ泥のたぐいが多い。

こうした違法行為が横行する場所ではどこでも、その原因は、無政府状態、警察が無力かあるいはまったくの不在であること、そして根絶するのが最も困難なもの、つまり貧困と飢餓がはびこっているのだ。

謝辞

私はつぎの方たちと諸機関に心からの感謝を捧げる。これらの皆さんの支援がなかったならばこの書物も存在しなかったかもしれない。まず、フランス海軍参謀長ウド・ドゥダンビル海軍大将は、現代の海賊についての著作を執筆することを私に勧めてくれた。国際海事機関（International Maritime Organization）、とりわけ海事保安局長のブライス・マーティン＝カステックス氏。クアラルンプールのＩＭＢ海賊情報センター長ノエル・チョン氏。遠洋航海船と優秀な船長の協会と、とくにピエール・エスツール船長。フランス船長協会（Afcan）。大型船船長カンタン・ビショ氏。在マレーシア・フランス大使館の海事担当官オリビエ・ランファン氏。国際《海辺の兄弟》協会。そしてもちろん、出版社社長で船乗りでもあるアントワーヌ・ガリマール氏へは深甚なる謝意を捧げる。

本書は、Jean-Michel Barrault, "Pirates des mers d'aujoud'hui", Edition Gallimard, 2007. の日本語訳である。日本語版出版に当たっては、バロー氏が日本語版補遺を二〇一〇年の初めに寄せているので、正確には《二〇一〇年増補版》である。

本書は、海賊の犯罪事例集と思えるほど、最近、世界各地の海で発生した海賊事件を、きめ細かく収集・記録してある。現代の海賊についてまとめて書かれた本は決して多くない。まして具体的な事例をここまで記録した本はないだろう。その意味で、非常に興味深い内容になっている。

海運や海上保安、漁業など海の仕事に携わる人々には、実用的な面で参考になるにちがいない。一般の読者は、「現代の海賊」についての読み物として、ドキュメントとして楽しむことができるはずだ。世界各地に散らばる発展途上国の港が数多く出てくるので、世界一周の航海記として読むことも可能だ。ただ、海賊と一緒では、決して楽しいだけの旅とはいえないだろうが……。

海賊といえば、映画『パイレーツ・オブ・カビリアン』が頭に浮かぶ。船長ジャック・スパローを演じたジョニー・デップ人気もあって若い人々の間で大評判になっているようだ。今の人々にとって海賊は最早怖い存在ではないのだ。二本の骨を交差させた上に頭蓋骨をあしらった「海賊旗」を見れば、それが海賊船を表わすことは子どもでも知っている。この旗には、「降伏すれば命だけは保証する。もし抵抗するのなら皆殺しを覚悟せよ」という意味が込められているそうだ。ディズニーランドでは、小船に乗って海賊の暮らしを見て回る「カリブの海賊」は、人気のあるアトラクションだという。『パイレーツ・オブ・カビリアン』

も、この人気にあやかって生まれた作品だそうだ。

帆船に乗って、風を頼りに世界中の海を荒らしまわる海賊には、自由気ままに生きる者の夢と冒険のロマンがあふれている。本来、怖いはずの海賊だがどこか憧れの目で見られるのは、安定した社会制度の中で、それほど変化のない人生を生きる現代人の冒険願望が投影されているからなのかもしれない。だが、世界各地の海を荒らしまわるリアルな現代の海賊は、そんなロマンを吹き飛ばす危険な存在である。グローバル経済の中で、繁栄をおう歌する先進国の陰で、貧困に苦しむ途上国の人々の呪詛や憎しみが込められている。タイトルに「貧困と憎悪」と入れたのは、現代の海賊が、「貧困」から生まれたと考えるからである。

伝説となって消えたはずの海賊が、なぜ今日現われて、海運全般に深刻な被害を与えているのだろうか。著者バロー氏は、本書を通して、その原因を明らかにしようとした。さらに、海賊行為をなくすための施策を、抜本的に考えて提言をしている。

現代の海賊が発生する最大の原因は、繁栄の裏側でいまだに世界を覆う貧困である。貧困には、「絶対的貧困」と「不平等によって生じる貧困」がある。その日の食事さえままならず、生きるだけが精いっぱいという貧困を「絶対的貧困」という。これらの貧困は、発展途上国では相互に重なり合っている。しかし、より複雑で問題なのは、「不平等によって生じる貧困」、いわゆる、「貧富の格差」である。BRICsに代表されるように、かつて発展途上国といわれたかなりの国々が豊かになりつつある。だがその国々の豊かさの内実を詳細に調べてみると、驚くほど貧富の格差が広がっていることがわかる。極めて少数の一握りの人びとが、国の富の大部分を手中に収め、残りの大多数の国民は、いまだに貧困にあえいでいるのだ。国は豊かになったが、国民の生活水準は以前よりも後退しているという国のほうが多いのである。

こうした不平等によって生じる貧困は、国民の期待を裏切り、富と権力を握った一部の人々への羨望と怒り、憎悪の感情を生み出す。これまでの研究・調査においても、政治的・社会的な混乱は、国民全体が貧しい国よりもむしろ国内の貧富の格差が大きい、「相対的貧困」国のほうが多いのだ。ますます拡大する貧富の格差はテロや暴動、犯罪の温床となっている。現代における海賊の出現は、その典型的な事例といえよう。

海賊から船舶を守る方法はなにか。本書でも言及されているように、さまざまな方策がすでに実施されている。各国が国際機関と協力関係を築き、海賊情報を共有している。最先端の情報処理技術を駆使して、海賊を監視し予防措置を講じるなど、万全の警戒態勢を整えた。どこかの海で海賊に襲われると、一致協力して対応に当たれるようになっている。だが、すべての海域を完全な警戒態勢の下に置いたとしても、海賊を完全に封じ込めることはできない。抜け道は、この広大な海のどこかに必ずあるからだ。海賊をなくすための抜本的な解決策は、各国が海賊を生み出す貧困問題に真剣に取り組み、解決する以外にない。貧困問題の解決こそ、全世界の国々が取り組まねばならぬ最大の課題であるといえよう。

さて、著者は海賊に関してもう一つの困難な問題を提起している。

船舶は海賊に備えて、どのような準備をしておくべきかという問題である。具体的にいえば、武器を準備しておくべきか、あるいは武器を取って立ち向かうべきか、の問題である。

高名な冒険家、ピーター・ブレイクは教養と見識を備えた人格者だった。名誉、幸せな家庭など、現代人が望むすべてを手中にして恵まれた人生を送っていた。彼はアマゾン川を航行する冒険をしていた。

ある夜、薄暗いアマゾン川に浮かぶ船を、海賊が襲ってきた。ブレイクは勇敢にも武器を取って立ち向かったが、撃ち殺されて帰らぬ人となった。海賊といっても、チンピラ同様の物盗りにすぎなかった。もし彼が武器を取って抵抗しなければ、命まで失うことはなかったかもしれない。著者はさまざまな思いを込めて、「勇敢だったが、彼は死んだ」と書き記した。よほど無念だったのだろう、著者の思いのこもった胸に響く一節だ。

バロー氏は、ブレイクが海賊に立ち向かうべきではなかったとも、立ち向かって当然だったとも述べていない。戦うべきか、降伏すべきか、誰もが迷い、簡単に結論を出すことのできない問題だ。

だが、実際に船に乗る人々は、乗り込むその時点で何らかの結論を出さなければならない。武器を積んでおけば安心だ。だが、実際に海賊に襲われた時、果たしてその武器を使うべきなのか、あるいは使うことができるのかは、その場になってみないとわからない。武器を取って立ち向かい、撃退できればいいが、さもなければかえって乗組員の命を危険にさらすことになる。

この対応の仕方は、船の大きさ、航海の目的、積み荷の品目などによって異なってくるだろう。大型のオイルタンカーからクルージング用の豪華客船、レジャー目的のヨットやモーターボートなどによって異なるということだ。海賊行為は、貧困ゆえに行なわれることから考えれば、金品や食糧の略奪が目的で、人に危害を加えるのも、自分たちが大けがをするのも本意ではあるまい。だが、彼らも抵抗されれば応戦せざるを得ない。

中世の海賊旗には、「降伏すれば命は保証。抵抗するなら皆殺し」という意味が込められていたと書いた。つまり「我々の目的は、物品の略奪なのだから、おとなしく渡せば、なにもしない」というメッセージである。中世の海賊は、いわば職業としての海賊だったのである。略奪はビジネスだから人命を損なうことまではしないという暗黙のルールが、盗む側にも盗まれる側にも生きていたのではなかっただろうか。そこには、広大な海に帆船を浮かべて、風任せに航海をする者同士、お互いにいつどうなるか分からないという命のはかなさへの共感があったのではないだろうか。

このような海賊としての、いわば「職業倫理」を、現代の海賊に求めることはできないだろう。それは、彼らが昔の海賊に比べて特に残忍であるということではなく、富める者と貧しい者の格差による現代の貧困が、被害者と加害者の人間的な共感さえも引き裂いてしまったということではないだろうか。現代の海賊から見えてくる貧困問題に思いを馳せる時、猛々しく残忍に見える海賊の風貌から、途上国の深く傷ついた深い悲しみ、絶望が見えてくる。一見、加害者たる海賊と被害者たる豊かな国の人々と、一体どちらが本当の被害者なのだろうか。貧困という視点から見る時、別の姿が見えてくるかもしれない。

著者ジャン＝ミシェル・バロー氏は、自らの文筆の趣味、海とヨットへの情熱を職業活動の中で両立させた数少ない人物として知られている。現在までの著作は三五冊に達している。氏の著作は、すでに一〇か国以上の言語に翻訳されているが、日本語訳は本書が最初である。

バロー氏の著作のうちの著名なものだけを挙げれば、小説分野では La vie sauve (J.-C. Lattès et Reader's Digest), 1981.【海のグランプリ】、Ressac (EMOM et L'Ancre de Marine), 1981.【ブルターニュ作家賞】、Mer misère (Segher, France Loisirs et Folio junior), 1991.【フランス・ヨットクラブ・金のイル

カ賞、ジュール・ベルヌ賞】、またユーモア小説としてはLe parcours du premier roman (Le Felin), 1993.【アルフォンス・アレ・アカデミー・ベラミ賞、シャルル・ウルモン財団賞】などがある。その他の海と航海に関する著作を数点挙げれば、Les grandes heures du yachting (Robert Laffont), 1965.【海洋アカデミー賞】、Passion de la voile et du large (Arthaud), 1976.【アカデミー・フランセーズ・ルイ・カステックス賞、海の星賞】、Le sacré et la pensée, de Dieppe à Sumatra en 1529 (Seghers et Payot / voyageurs), 1989.【海洋書籍グランプリ、海の本賞、ラ・ランティ賞】、Mer Bonheur (Glénat), 1993.【アクアマリーン賞】などがあるが、全著作をリストアップするには紙幅が足りない。

本書の出版に際しては清流出版株式会社の加登屋陽一社長、編集をご担当頂いた藤木健太郎企画部長にたいへんお世話になった。ここに深く感謝したい。

二〇一一年二月一日

千代浦　昌道

●著者略歴

ジャン=ミシェル・バロー（Jean-Michel Barrault）

海洋小説家・海洋ジャーナリスト。一九二七年、フランス、ナントの船乗り一家に生まれる。パリ政経学院（シアンスポ）を卒業。海洋ジャーナリストとして活躍しながら海洋小説を書き、ヨットで世界中の海を航海した。単独ヨットレース（フィガロ紙主宰）、海洋小説協会を創設。海事功労賞、海事アカデミー賞、ブルターニュ作家賞、ジュール・ベルヌ賞を受賞。

●訳者略歴

ちようら・まさみち（千代浦昌道）

獨協大学名誉教授。専門は開発経済学。一九三八年、青森県生まれ。早稲田大学第一政治経済学部卒業後、銀行、経済研究所などを経てフランスに留学。翻訳書に『フランスの経済構造』（ピエール・マイエ）、『海洋資源戦争』（G・シュラキ）などがある。

貧困と憎悪の海のギャングたち
――現代　海賊事情

二〇一一年三月十日　初版第一刷発行

著　者　ジャン=ミシェル・バロー
訳　者　千代浦昌道

発行者　加登屋陽一
発行所　清流出版株式会社
東京都千代田区神田神保町三－七－一〒一〇一－〇〇五一
電話　〇三－三二八八－五四〇五
振替　〇〇一三〇－〇－七七〇五〇〇
〈編集担当〉藤木健太郎
http://www.seiryupub.co.jp/

印刷・製本　藤原印刷株式会社

乱丁・落丁本はお取替えいたします。
ISBN978-4-86029-337-6